龍城春秋

三燕文化考古成果展

辽宁省博物馆　编著

文物出版社

图书在版编目（ＣＩＰ）数据

龙城春秋：三燕文化考古成果展／辽宁省博物馆编
著.－－北京：文物出版社,2021.9
　　ISBN 978-7-5010-7190-6

　　Ⅰ.①龙… Ⅱ.①辽… Ⅲ.①文物－考古发现－辽宁
－图集 Ⅳ.①K872.310.2

　　中国版本图书馆CIP数据核字（2021）第160891号

龙城春秋　　三燕文化考古成果展

编　　著　辽宁省博物馆

责任编辑　乔汉英　　杨新改
责任印制　苏　林

出版发行　文物出版社
社　　址　北京市东城区东直门内北小街2号楼
邮政编码　100007
网　　址　http://www.wenwu.com
经　　销　新华书店
制版印刷　天津图文方嘉印刷有限公司
开　　本　889mm×1194mm　　1/16
印　　张　17.25
版　　次　2021年9月第1版
印　　次　2021年9月第1次印刷
书　　号　ISBN 978-7-5010-7190-6
定　　价　420.00元

展览筹备及图录编辑委员会

主　　任　　王筱雯

副 主 任　　刘　宁　张　力　董宝厚　张桂莲

委　　员　（按姓氏笔画排序）

么乃亮　王亚平　王筱雯　申桂云　刘　宁　刘　韫

刘丕伟　孙　力　李恒清　李颖映　李慧净　张　力

张桂莲　林　利　林学明　孟繁宁　董宝厚

主　　编　　刘　宁

副 主 编　　马　卉

资料提供　　魏杨菁（南京市博物总馆）　　宋少辉（青州市博物馆）

蔡正矾（武威市博物馆）　　司伟伟（辽宁省文物考古研究院）

李　靖（朝阳博物馆）　　王志华（朝阳市北塔博物馆）

李　莉（朝阳县博物馆）　　王永兰（北票市博物馆）

王铁华（喀喇沁左翼蒙古族自治县博物馆）

摄　　影　　林　利　沙楚清

展览策划　　刘　宁

内容设计　　刘　宁

内容辅助　　马　卉

形式设计　　王　鑫

展品协调　　么乃亮　马　卉　王忠华　都惜青　张盈袖

展览数字化　孙　力　黄晓雷

展览宣传　　杨春媚　何　欣

展览文创　　孟繁宁　王小允

文物保护　　申桂云　刘　博

社会教育　　林　利　康　宁　张　莹

安全保卫　　李恒清　常守文

后勤保障　　林学明　王　新

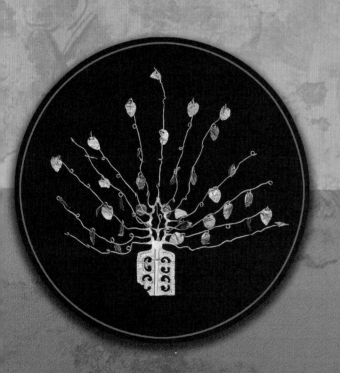

三燕文化考

朝阳县博物馆
北票市博物馆
喀喇沁左翼蒙古族自治县博物馆

龙城春秋

古成果展

主办单位：
辽宁省博物馆

协办单位：
南京市博物总馆
青州市博物馆
武威市博物馆
辽宁省文物考古研究院

目录

[前言]

三燕文化考古研究回顾

田立坤

曹魏初年，鲜卑慕容部首领莫护跋率其诸部入居辽西。其孙涉归时，再迁辽东北。西晋太康十年（289 年）涉归之子慕容廆又迁回徒河之青山，元康四年（294 年）移居大棘城。东晋咸康三年（337 年）慕容廆之子慕容皝在棘城自称燕王，史称前燕。咸康七年（341 年），慕容皝于柳城之北、龙山之西筑龙城，第二年迁都龙城。永和六年（350 年）二月，前燕南下中原，龙城为留都。太和五年（370 年）十一月，前秦攻陷邺城，前燕亡。太元九年（384 年）正月，慕容垂建后燕，隆安元年（397 年）三月慕容宝弃中山退守龙城。义熙三年（407 年），高云、冯跋杀慕容熙于龙城，后燕亡。高云、冯跋建北燕。北魏太延二年（436 年）五月，占领龙城，北燕亡。

上述二百多年间，辽西地区多民族错居杂处，其中慕容鲜卑与汉文化的交流与融合，是贯穿这一历史时期的主线。"三燕文化"即指在此背景下形成的以今朝阳为分布中心，以慕容鲜卑为主体，在汉文化影响下，同时也吸收了匈奴、乌桓、夫余、高句丽、拓跋鲜卑等多种文化因素，特征鲜明，内涵丰富的慕容鲜卑及其所建前燕、后燕、鲜卑化高云和冯跋所建北燕的魏晋十六国时期考古遗存。

自 1956 年发现北票房身墓地[1]，确认为晋代慕容鲜卑墓葬以来，辽西地区魏晋十六国时期考古研究，可以分为 1989 年以前、1990 ~ 1999 年、2000 年以来三个阶段。

第一阶段 1989 年以前

1989 年以前的研究，除资料报告者通过与文献和其他遗存进行分析比较，以推定墓葬年代、性质之外，学术界也给予了密切的关注。1977 年，宿白先生在对东北、内蒙古东部的鲜卑遗迹进行考察时，肯定了北票房身墓地为慕容鲜卑遗存，以及"金花冠饰"为金步摇的推测；认为"镶嵌饰物的指环"为匈奴文化中所常见，随葬的日用器物、葬俗都受到汉族的影响，表明慕容鲜卑与汉族关系密切。义县保安寺石椁墓的"金饰品与慕容相类，陶器和各种珠饰则与拓跋相近"，时代早于房身慕容鲜卑墓地。冯素弗墓出土的锤鍱坐佛像，是辽西发现的最早的佛像，指出北燕是北方佛教传播的重要地区之一。玻璃器很可能是西方输入品，"或许是经由柔然辗转传来的"[2]。安家瑶先生的进一步研究成果表明，冯素弗墓出土的五件玻璃器皿为罗马帝国的产品[3]。

1981 年秋，在辽宁省考古、博物馆学会成立大会上提交的《朝阳地区鲜卑马具的初步研究》《试论鲜卑族的步摇冠饰》[4]，披露了一部分朝阳出土但没有发表的马具、步摇资料的信息，提出马具与步摇问题。

安阳孝民屯 M154[5]、袁台子壁画墓[6]出土的两套完整马具资料发表后，杨泓先生随即发文指出：4 世纪初是马具发展的关键时期，安阳孝民屯晋墓和朝阳袁台子晋墓出土的成套马具，提供了马具发展关键时期的典型实物标本。高句丽墓葬出土的马具与安阳孝民屯、朝阳袁台子晋墓出土的马具具有相同的特点，形制几乎是相同的，明显是接受了以安阳孝民屯 M154 为代表的马具的影响，在朝鲜半岛南部的新罗遗物中，也可以看到同样的影响，这种影响也波及日本[7]。1987 年，齐东方先生在对日本奈良藤之木古坟出土鎏金铜马具考察时，即将朝鲜半岛、日本马具文化渊源追溯至安阳孝民屯 M154、袁台子壁画墓、冯素弗墓为代表的中国马具[8]。

1986 年，曾供职朝阳地区博物馆多年的徐基先生，在中国考古学会第六次年会上提交的《关于鲜卑慕容部遗迹的初步考察》[9]，重点介绍了 1973～1979 年间，在朝阳市周边及北票县房身村等地调查清理的尚未发表的有关资料，包括朝阳目前所见年代最早的北票北沟 M8 出土的成套鎏金铜马具，内容极为丰富。该文结合以往的相关发现与研究成果，从陶器组合，头戴和装饰品，成套的马具、具装、兵器，墓葬制度和习俗四个方面，总结出"慕容鲜卑文化"特征。认为慕容鲜卑遗存明显地可以分成三组："第一组可视为鲜卑族慕容部的民族文化"，"第二组器物，为汉族、匈奴族或其他民族传入的部分"，"第三组器物，系指鲜卑慕容部在周边民族先进技术、文化影响下，学习仿造的部分"。在年代上将鲜卑慕容部遗存分成四组 6 段：第一组以内蒙古科左后旗舍根墓群为代表，早至东汉中晚期或略早；第二组主要以大凌河中游的北票县房身村北沟墓地早期墓为代表，时代定在西晋为宜；第三组以朝阳市为中心，包括北票县房身北沟墓地后期墓和朝阳南汉代"柳城"附近的袁台子、腰而营子墓，安阳孝民屯的几座墓亦应划在此组；第四组以后燕崔遹墓和北燕冯氏墓为代表。

1987 年发表的《北方地区魏晋十六国墓葬的分区与分期》[10]，将辽西大凌河流域魏晋十六国时期墓葬归入东北地区的第三期，即十六国时期，同时分析了历史背景及与中原地区的关系。

《关于朝阳袁台子晋墓壁画的初步研究》[11]，则对朝阳袁台子壁画墓的壁画构图、绘画技法等进行了讨论。

这一时期发表的资料和研究成果数量虽然不多，但是，其重要性不言而喻。如北票房身村晋墓出土的金步摇，将墓主人与文献中的慕容鲜卑直接联系在一起。朝阳姚金沟石椁墓出土的两方分别刻有"燕建兴十年昌黎太守清河武城崔遹"十五字、"燕建兴十年昌黎太守清河东武城崔遹"十六字墓表，墓葬年代及墓主人官职、籍贯、姓名一目了然[12]；北票西官营子石椁墓亦可通过随葬的四枚印章考定墓主人为卒于北燕太平七年（415 年）的北燕王冯跋之弟冯素弗[13]。这些发现为认识魏晋十六国时期辽西地区考古遗存文化面貌、判断年代提供了准确的参考样本和标尺，由此奠定了深入研究的坚实基础。

关于冯素弗墓出土的玻璃器为"西方输入品"，高句丽、新罗、日本成套马具是接受安阳孝民屯 M154、朝阳袁台子壁画墓马具影响的观点，都具有开创性，为以后的深入研究拓宽了视野。特别是徐基先生对辽西地区魏晋十六国时期考古遗存进行的综合文化因素分析、分期研究，提出"慕容鲜卑文化"概念，不再停留在对墓葬具体年代的考定或族属辨识上，可谓是辽西地区魏晋十六国时期考古研究的一大进步。

第二阶段 1990 ～ 1999 年

20世纪90年代及以前，辽西地区魏晋十六国时期考古遗存的发现与研究成果，为推动这一课题的深入研究奠定了坚实的基础。但是，毋庸讳言，这一时期发表的报告多是对遗存的具体描述、年代推定、墓主族属考证；各遗存之间的相互比较，也仅限于年代方面的参证。遗存的命名则是发现地点与年代或墓主名、族名的简单相加，如北票房身村晋墓、安阳孝民屯晋墓、袁台子东晋壁画墓、北燕冯素弗墓、后燕崔遹墓等，缺少整体上的认识与系统的综合研究；或者笼统地称之为鲜卑遗存、鲜卑马具、慕容鲜卑文化。如此笼而统之，则无法解释如十二台子乡砖厂土坑竖穴木棺墓[14]与后燕崔遹墓墓主人前者是慕容鲜卑，后者是中原世家大族，而且时代前后相距一百多年，但是二者都使用形制独特的前大后小木棺这一现象；有些重要遗存如袁台子壁画墓被命名为"东晋壁画墓"，自然被排除在"鲜卑遗存""慕容鲜卑文化"之外，显然失之片面，没能从整体上全面、准确地概括辽西地区魏晋十六国时期考古遗存丰富的文化内涵及其之间的密切关系。基于此，提交1990年"大连环渤海考古国际学术讨论会"的《三燕遗存的初步研究》[15]，将辽西地区魏晋十六国时期考古遗存命名为三燕文化。认为十二台乡砖厂墓群、舍根墓群、新胜屯墓群、北票房身村晋墓为慕容鲜卑建国前的遗存，即三燕遗存之源，"三燕遗存是慕容鲜卑在汉文化的强烈影响下，同时也受到匈奴、高句丽等程度不同的影响而形成的一种具有自身特点的文化遗存，不能简单视为慕容鲜卑遗存。""三燕文化"的提出，既是材料积累之必然，亦为深入研究之必需，标志辽西地区魏晋十六国时期考古研究进入一个新的阶段。

参与慕容鲜卑遗存的认定及与其他各鲜卑遗存关系讨论的还有许永杰[16]、田立坤[17]、郑君雷[18]、乔梁[19]等，以及尚晓波[20]、陈平[21]关于辽西地区

魏晋十六国时期墓葬的分类等。

具体的个案研究有以下几方面。

慕容鲜卑的代表性器物金步摇的研究。其发端者为1991年发表的《步摇、步摇冠与摇叶饰片》[22]，通过《续汉书·舆服志》中所记东汉皇后盛装谒庙时戴的首饰"金步摇"、辽西地区出土的金步摇实物，与1864年在顿河下游新切尔卡斯克萨尔马泰女王墓中出土的公元前2世纪金冠、1979年在阿富汗北部席巴尔甘金丘6号大月氏墓出土的公元1世纪前期金冠的比较，提出"步摇装饰起源于西方，步摇冠约在公元前后正式形成，然后向东传播，横跨欧亚大陆经我国到达日本，流行时间长达600多年，是一个值得注意的文化现象"。1996年出版的《鲜卑·三国·古坟——中国朝鲜日本古代的文化交流》[23]踵其后，根据公元前2600～前2500年的美索不达米亚平原南方的乌尔王朝皇家墓园出土的"用琉璃、红玉髓珠串缀金摇叶而制成的饰圈"，认为金步摇叶是"发源于西亚和西域，经过中国，尤其是经过鲜卑慕容部传到朝鲜半岛和日本的一项服饰品"。

马具及其与高句丽和朝鲜半岛、日本古坟的关系。先后有魏存成[24]、齐东方[25]、田立坤[26]、董高[27]、徐秉琨[28]、孙守道[29]、张克举[30]、王巍[31]等撰文参与讨论。

1985年，韩国釜山大学申敬澈先生发表《古镫考》[32]，将韩国东莱福泉洞出土的马镫划分为A、B两型，溯其源头分别为孝民屯M154出土马镫与冯素弗墓出土马镫。1996年，《古镫考》被姚义田先生译为中文发表，使中国学界得以了解、借鉴韩国学者关于马镫研究取得的成果。

通过考古调查，结合相关文献分析论证，确认前燕第一个都城——棘城遗址之所在，也是这一时期的一项重要研究成果[33]。

体质人类学方面，1996年发表的《朝阳魏晋时

期鲜卑墓葬人骨研究》[34]，结论为朝阳十二台乡砖厂土坑竖穴墓地居民基本种系特征属于低颅性质的古蒙古高原类型，为推断十二台乡砖厂土坑竖穴墓地为慕容鲜卑遗存提供了体质人类学上的有力支持。

日本学界对辽西地区魏晋十六国时期考古发现也十分关注。1996 年起，辽宁省文物考古研究所与日本奈良文化财研究所以"亚洲古代都城遗迹研究与保护——三燕都城等出土铁器及其它金属器的保护与研究"为主题开展合作研究[35]。

1995 年在朝阳召开的辽宁省考古学会三燕文化研讨会上，董高、郎成刚、李新全、周亚利、尚晓波分别提交了关于三燕文化研究的论文[36]。

第三阶段 2000 年至今

1990 ～ 1999 年的十年间，又有 40 多座辽西地区魏晋十六国时期墓葬资料公之于众，含土坑竖穴墓、砖室墓、石室墓、石椁墓等多种形制，李魔墓还有明确的纪年。在这些新资料基础上，2000 年发表的《三燕文化墓葬的类型与分期》[37]，将三燕文化墓葬分为三期八类，早期墓葬形制种类较少，中期种类剧增，晚期趋于一致。在这一过程中，以梯形土坑竖穴木棺墓为代表的属慕容鲜卑固有的文化因素始终处于主导地位，尽管中期出现了代表中原汉文化因素的砖室墓、代表辽东汉魏时期文化因素的石板搭盖石室墓、代表夫余文化因素的矩形土坑竖穴木椁墓，且都具有各自的渊源，但是到晚期都不见或少见；而代表辽西传统文化因素的石椁墓或石室墓一出现就接受梯形土坑竖穴木棺墓的影响而发展起来，尤其是前大后小的石椁墓成为晚期的主要形制。墓葬形制发展演变过程与慕容鲜卑进入辽西之后，与汉文化及周边其他文化接触、共处、吸收、最后融为一体的经历正相吻合。三燕文化墓葬的分类与分期，为辽西地区魏晋十六国时期考古研究提供了一个可资参考的时空框架。

北票喇嘛洞墓地是辽西地区经科学发掘规模最大、出土遗物数量最多、种类最丰富的魏晋十六国时期墓地，与以往发现的这一时期墓葬在随葬遗物上虽然有明显的共性，但是在墓葬形制和葬俗上却有不容忽视的差别。提交 2000 年"东北地区三至十世纪古代文化学术研讨会"的《关于北票喇嘛洞三燕文化墓地的几个问题》[38]，就喇嘛洞墓地的年代、特征、族属进行了系统的讨论，推定喇嘛洞墓地的年代在 289 ～ 350 年之间，结合文献所记慕容鲜卑曾前后两次攻打夫余，并劫掠大批夫余人的史实，提出喇嘛洞墓地的主体人群应是被慕容鲜卑迁到棘城的夫余人的观点。

1984 年发现的朝阳袁台子壁画墓，是魏晋十六国时期考古的一个重要发现，但是不同的研究者对其具体年代的判断差距较大。2002 年发表的《袁台子壁画墓的再认识》[39]，通过对墓壁上残存的"……二月己……［丿］子……"墨书纪年题记研究，复原为"□□□［年］二月己□［朔］□［戊（庚）］子……"，再结合墓葬形制、壁画内容都与辽阳魏晋壁画墓有直接渊源关系，以及当时辽海地区发生的重大事件，将残存的纪年题记进一步复原为"［永和十年］二月己［卯朔十（廿二）日戊（庚）］子"（354 年），或者"［太和元年］二月己［巳朔廿日戊］子"（366 年），确认此墓为东晋咸和九年（334 年）被慕容皝从辽东迁徙到棘城的"辽东大姓"遗存。这一新成果为辽海地区魏晋十六国时期墓葬研究提供了一个有绝对年代可考的标本。

2002 年发表的《辽西地区慕容鲜卑与三燕文化研究综述》[40]，总结出"宫城、皇苑与墓群——关于辽西地区鲜卑墓葬与三燕史迹的整体性""李氏、崔氏和冯氏墓——三燕时期纪年墓葬的重要性""金步摇饰和铜鎏金马具——关于辽西地区鲜卑与三燕金属文物的典型性""慕容氏摇叶文化的东传——大凌河流域鲜卑墓葬的特殊性"。

2004 年发表的《辽宁北票喇嘛洞墓地 1998 年发掘报告》[41]，结论是"喇嘛洞三燕文化墓葬……仍主要属于辽西地区大凌河流域两晋时期慕容鲜卑文化的范畴。确切些说，它们是汉化程度较深且可能吸收了夫余等族的某些文化因素的，以慕容鲜卑文化成分为主的前燕及前燕以前不久的墓葬，其相对年代约当公元 3 世纪末至 4 世纪中叶，亦即慕容廆率部回迁至大凌河流域（289 年）以后至慕容皝建立的前燕时期（337～370 年）的遗存"。

2009 年发表的《鲜卑墓葬研究》[42]，将科左后旗舍根、科左中旗六家子墓地定为乌桓遗存，年代为东汉中晚期。

2013 年发表的《对部分与鲜卑相关遗存年代的再探讨》[43]，认为内蒙古科左中旗"六家子墓地征集的大多数陶器、金银器及铜鎏金的器物都与西晋至十六国时期北方鲜卑的或者中原和南方晋墓所出的同类器物相似，而不见与东汉时期相似的器物，因此，六家子墓地（除了 2 件圜底陶罐）的年代应在西晋至十六国时期，不会早到东汉晚期"。

六家子墓地出土的"鎏金圆形镂孔铜带饰"和"鎏银圆形镂孔铜饰件"，是将连接攀胸、后鞦带的带扣固定在高桥鞍鞍桥上的底座，这种马具部件在朝阳出现的时间为西晋末年，既表明六家子墓地的年代不会早于或同于朝阳出土同样器物墓葬的年代，同时也说明六家子墓地亦属于三燕文化系统。

除对墓葬研究之外，步摇与马具仍然是这一时期颇受关注的重点。

《辽西地区慕容鲜卑与三燕文化研究综述》以田草沟墓地出土金步摇为例，讨论了其用法与配置组合。

2006 年发表的《步摇考》[44]，根据文献中所记之金步摇与辽西地区发现的金步摇实物资料，将长城以南地区战国至十六国时期的步摇分为垂珠、爵兽、花树三型，其中垂珠步摇是一种具有"步则摇动"特征的首饰，故以"步摇"名之。《续汉书·舆服志》中所记皇后谒庙时戴的金步摇为爵兽型步摇，三燕文化的典型遗物金步摇则属花树型步摇。爵兽型与花树型皆源自于西方，但是二者传入中国的时间与路线不同，"爵兽步摇"是汉代通过丝绸之路传入中原地区，"花树步摇"则是曹魏初年随着慕容鲜卑从草原南下传入辽西地区。这两种首饰同样具有"步则摇动"的特征，东传之后也被冠以"步摇"之名。三者的质地、结构、用法不尽相同，因此，不宜不加区别，混为一谈。慕容鲜卑与"步摇"的关系也还有进一步研究的必要。

2012 年发表的《金步摇饰品的发现与研究》[45]，将具有金属摇叶装饰的牌饰、耳坠、带饰、马具遗物统称为"金步摇饰品"，与金步摇一起进行了详细的统计，同时对金步摇饰品的研究现状进行评述，指出存在的问题。

2013 年发表的《金珰与步摇——汉晋命妇冠饰试探》[46]，在探讨汉晋命妇的冠饰时，也对慕容鲜卑金步摇进行了讨论。

2014 年发表的《步摇与慕容鲜卑》[47]，对文献记载的步摇、步摇冠与考古发现的金步摇及相关实物资料进行了系统梳理，从多方面论证了慕容与步摇之间的关系，认为曹魏初年入居辽西的莫护跋，就是东汉后期檀石槐鲜卑部落大联盟中部的"慕容大帅"，力主《晋书·慕容廆载记》中的"慕容"为"步摇"音讹说。

马镫是马具研究的重点。2002 年发表的《马镫的起源》[48]，对欧亚大陆目前发现的几百件马镫实物（包括部分壁画和雕塑所表现的马镫）进行综合研究，认为单镫并非骑行使用，它和马镫的功用是截然不同的，不是真正意义上的马镫，不能"和马镫混为一谈"。与学界通用的马镫概念截然不同。2009 年发表的《马镫起源及其在中古时期的传播新论》[49]，"主张不能把目前已知的单镫排除在马镫的发展系列之外",推测"马镫的产生可能与汉晋时代号为天下名骑的乌桓有关"。杨泓先生以冯素弗墓马镫与中国马具装铠的发展为题,讨论了马镫发明和马具装铠使用的重大意义及其影响[50]。2013年发表的《古镫新考》[51],认为目前所见3~4世纪的早期马镫因选材和制作工艺、结构不同,分属"屈木为镫""揉木为镫""斫木为镫"三个谱系。"屈木为镫""斫木为镫"都发生于辽西地区,"揉木为镫"发生于长江流域。

其次是高桥鞍研究。2003年发表的《北票新发现的三燕马具研究》[52],将东亚诸国的高桥鞍鞍桥分为四种类型。"从马具出现的年代看,以慕容鲜卑为最早,高句丽次之,朝鲜半岛南部诸国再次,日本最晚。慕容鲜卑的马具是影响其他地区鞍桥发展演变的源头,素面斜收式拱形高鞍桥出现的时间最早,在4世纪初叶,近椭圆式是其发展变化的结果,出现时间相对较晚。直立式出现的时间也比较早,以七星山96号墓为例,其年代可能在4世纪中叶,上限可早到4世纪的初期。外侈式是直立式的一种变异⋯⋯这种时间上的早晚从鞍桥图案的变化中亦可见反映。"提交2006年"韩国金海市第十二届伽耶史国际学术会议"的《论喇嘛洞墓地出土的马具》[53],将喇嘛洞墓地出土的鞍桥分为"上宽下窄、两翼向下斜收的拱形"的A型和"没有拱肩、两翼内收、整体呈椭圆形"的B型两类,各自配套的马镳和马镫,以及装饰纹样也存在较大差异,形成A、B两套不同的组合,分别代表慕容鲜卑和夫余两种不同的文化因素。晚至五六世纪的日本藤之木古坟出土的鞍桥属于A型,誉田丸山古坟出土的2号鞍桥属于B型,是A型与B型鞍桥并列发展的例证。

1983年发表的《安阳晋墓马具复原》[54],据安阳孝民屯M154马具,复原一件由前后鞍桥和左右鞍座板组合而成的高桥鞍。2002年出版的《中国古代车舆马具》[55],以绘画形式复原的安阳孝民屯M154和袁台子壁画墓高桥鞍完全采用了《安阳晋墓马具复原》的成果。朝阳十二台子乡砖厂88M1与鞍桥包片共存的木质鞍桥完整无损,提供了鞍桥与鞍座结合的可靠信息。2006年发表的《高桥鞍的复原及有关问题》[56],据此复原出一件由前后鞍桥、左右鞍座板、鞍座脊板五个部件组合而成的高桥鞍,与由前后鞍桥、左右鞍座板四个部件组合而成的相比,结构更加合理。

高句丽和朝鲜半岛新罗、伽耶以及日本古坟时代马具,都直接或间接受到三燕文化的影响,因此也受到学术界的格外关注。尤其是日本藤之木古坟出土的马具,制作工艺之精美,装饰之华丽,十分罕见。其原产地众说纷纭,有中国南朝萧梁、朝鲜半岛新罗、中国北魏东部多种说法,莫衷一是。2006年发表的《日本古坟时代马具三则》[57],从时代背景、装饰纹样、带扣形制综合分析后认为,藤之木古坟马具原产地为高句丽都城平壤的可能性最大。同时对三燕文化马镳对日本古坟时代的影响、三铃环的命名也做了讨论。

此外还有关于鸾镳[58]、装饰纹样[59]、马掌[60]等问题的讨论。

2003~2006年对朝阳老城区的发掘,发现三燕龙城宫城南门遗址,不仅了解到其结构和使用沿革,而且确定了龙城宫城的准确位置,为研究龙城的整体布局和所受曹魏邺城的影响提供了重要的线索[61]。2012年发表的《龙城新考》[62],对慕容鲜卑所建的第一座城——龙城选址的科学性进行了分析讨论。

北票金岭寺大型建筑址[63],是这一时期考古的重要发现。2012年发表的《金岭寺建筑址为"庙庙"说》[64],根据文献记载与遗址所在位置、布局特征、建筑结构、遗物组合等因素综合推断,金岭寺建筑址很可能就是慕容儁为其祖父前燕奠基者慕容廆所建的"魔庙"。

袁台子壁画墓构图、技法特点研究[65]，金属器保护与研究[66]，冯素弗墓出土玻璃器、玉器、陶器研究[67]，朝阳老城、金岭寺建筑址出土建筑构件研究[68]，三燕文化中的西方文化因素辨认[69]，也是这一时期新的研究成果。

2012年发表的《喇嘛洞三燕文化居民族属问题的生物考古学考察》[70]，认为喇嘛洞三燕文化墓地居民与十二台乡砖厂土坑竖穴墓地居民差异显著，总体特征比较接近高颅性质的古东北类型和古华北类型；喇嘛洞居民和鲜卑人之间存在着很大的遗传学距离，直接排除了喇嘛洞三燕文化居民为鲜卑人的可能性，间接支持运用考古类型学对墓葬形制、随葬遗物研究，结合相关文献得出的十二台乡砖厂土坑竖穴墓地为慕容鲜卑遗存，喇嘛洞三燕文化墓地为夫余遗存的结论。这一研究成果对促进三燕文化研究起到了重要的推动作用。

日本、韩国学者在马具、装身具的研究方面取得了很多成果。

辽宁省文物考古研究所与日本奈良文化财研究所已合作完成四个项目，形成《东北亚考古学论丛》和《辽西地区东晋十六国都城文化研究》两部与辽西地区魏晋十六国考古相关的成果[71]。

回顾六十多年来辽西地区魏晋十六国时期考古研究，从对具体遗存的描述、考证，到整体上作为一种考古学文化——三燕文化，再对构成三燕文化的各种因素及个案进行研究，认识不断深化，从这一点来说，辽西地区魏晋十六国时期考古研究才刚刚破题，还有很多问题需要去发现、研究。

一是要拓宽视野，三燕文化研究不能仅局限于辽西中心分布区。

二是三燕文化的类型问题。朝阳十二台乡砖厂墓地、喇嘛洞墓地、北票大板营子墓地都各有区别于其他两墓地的特点，可进一步划分为不同的类型。

三是西方文化因素问题。以金步摇为主的黄金制品是随慕容鲜卑传入辽西的[72]，冯素弗墓的玻璃器可能是经柔然传入的[73]，六方连续纹样在密县打虎亭汉墓中与胡旋舞共存[74]，可见与粟特人有密切关系[75]。据《魏书·安同传》："安同，辽东胡人也。其先祖曰世高，汉时以安息王侍子人洛。历魏至晋，避乱辽东，遂家焉。父屈，仕慕容暐，为殿中郎将。"[76]被称为辽东胡人的安同，实际应是粟特地区的安国人。另据出土于西安的唐永泰元年《康晖墓志》可知，前燕还曾封康迁为归义侯，康氏也是粟特人[77]。毫无疑问，已有粟特人加入前燕政权中[78]，六方连续纹样是否通过他们传入的不得而知。

四是辨认辽海地区的氐人遗存。前秦灭前燕后，曾有大批氐人来到辽海地区[79]。随葬陶鞍马与武士俑的锦州前山十六国墓[80]，或许即为氐人遗存。

五是高句丽与夫余移民。慕容廆、慕容皝时期，曾经将大批的夫余、高句丽人迁到辽西，喇嘛洞墓地即为慕容廆时迁到辽西的夫余人遗存[81]。高句丽遗存也有线索可寻[82]。相信以后会有更多新的发现，为高句丽、夫余历史考古，乃至十六国历史考古研究提出更多新的课题。

六是棘城、龙城问题。目前对棘城还仅仅是停留在位置的考定上，龙城研究也刚刚起步。相关的金岭寺建筑址、龙腾苑遗址[83]都值得高度关注。

七是朝鲜半岛和日本古坟时代的三燕文化遗物问题。北燕灭亡后，三燕文化在辽西地区成为绝响，具有三燕文化特征的马具、黄金制品在朝鲜半岛和日本继续流行，辨识、研究这些遗物，揭示其对当地社会政治、经济、文化的影响，也是一项很有意义的工作。

注 释

[1] 陈大为：《辽宁北票房身村晋墓发掘简报》，《考古》1960年第1期。

[2] 宿白：《东北、内蒙古地区的鲜卑遗迹——鲜卑遗迹辑录之一》，《文物》1977年第5期。

[3] 安家瑶：《中国的早期玻璃器皿》，《考古学报》1984年第4期。

[4] 董高：《朝阳地区鲜卑马具的初步研究》，《辽宁省考古、博物馆学会成立大会会刊》，1982年；孙国平：《试论鲜卑族的步摇冠饰》，《辽宁省考古、博物馆学会成立大会会刊》，1982年。

[5] 中国社会科学院考古研究所安阳工作队：《安阳孝民屯晋墓发掘报告》，《考古》1983年第6期。

[6] 辽宁省博物馆文物队、朝阳地区博物馆文物队、朝阳县文化馆：《朝阳袁台子东晋壁画墓》，《文物》1984年第6期。

[7] 杨泓：《中国古代马具的发展和对外影响》，《文物》1984年第9期。

[8] 齐东方：《关于日本藤之木古坟出土马具文化渊源的考察》，《文物》1987年第9期。

[9] 徐基：《关于鲜卑慕容部遗迹的初步考察》，《中国考古学会第六次年会论文集》，文物出版社，1990年。

[10] 张小舟：《北方地区魏晋十六国墓葬的分区与分期》，《考古学报》1987年第1期。

[11] 刘中澄：《关于朝阳袁台子晋墓壁画的初步研究》，《辽海文物学刊》1987年第1期。

[12] 陈大为、李宇峰：《辽宁朝阳后燕崔遹墓的发现》，《考古》1982年第3期。

[13] 黎瑶渤：《辽宁北票县西官营子北燕冯素弗墓》，《文物》1973年第3期。

[14] 辽宁省文物考古研究所、朝阳市博物馆：《朝阳王子坟山墓群1987、1990年度考古发掘的主要收获》，《文物》1997年第11期。

[15] 该文《辽海文物学刊》1991年第1期刊出时，题目改为《三燕文化遗存的初步研究》。

[16] 许永杰：《鲜卑遗存的考古学考察》，《北方文物》1993年第3期。

[17] 田立坤：《鲜卑文化源流的考古学考察》，《青果集——吉林大学考古专业成立二十周年考古论文集》，知识出版社，1993年；田立坤：《论辽西汉魏墓的乌桓文化因素》，《中

国考古学跨世纪的回顾与前瞻——1999年西陵国际学术研讨会文集》，科学出版社，2000年。

[18] 郑君雷：《早期东部鲜卑与早期拓跋鲜卑族源概论》，《青果集——吉林大学考古学系建系十周年纪念文集》，知识出版社，1998年。

[19] 乔梁：《鲜卑遗存的认定与研究》，《中国考古学的跨世纪反思》，香港商务印书馆，1999年。

[20] 尚晓波：《朝阳地区两晋时期墓葬类型分析》，《青果集——吉林大学考古学系建系十周年纪念文集》，知识出版社，1998年。

[21] 陈平：《辽西三燕墓葬论述》，《内蒙古文物》1998年第2期。

[22] 孙机：《步摇、步摇冠与摇叶饰片》，《文物》1991年第11期。

[23] 徐秉琨：《鲜卑·三国·古坟——中国朝鲜日本古代的文化交流》，辽宁古籍出版社，1996年。

[24] 魏存成：《高句丽马具的发现与研究》，《北方文物》1991年第4期。

[25] 齐东方：《中国早期马镫的有关问题》，《文物》1993年第4期。

[26] 田立坤、李智：《朝阳发现的三燕文化遗物及相关问题》，《文物》1994年第11期；田立坤：《三燕文化与高句丽考古遗存之比较》，《青果集——吉林大学考古学系建系十周年纪念文集》，知识出版社，1998年。

[27] 董高：《公元3至6世纪慕容鲜卑、高句丽、朝鲜、日本马具之比较研究》，《文物》1995年第10期。

[28] 徐秉琨：《鲜卑·三国·古坟——中国朝鲜日本古代的文化交流》，辽宁古籍出版社，1996年。

[29] 孙守道：《中国三燕时期与日本古坟骑马文化的比较研究》，《东北亚考古学研究》，文物出版社，1997年。

[30] 田立坤、张克举：《前燕的甲骑具装》，《文物》1997年第11期。

[31] 王巍：《从出土马具看三至六世纪东亚诸国的交流》，《考古》1997年第12期。

[32] 申敬澈先生的《古镫考》发表在《釜山史学》第9辑（1985年），定申秀夫译为日文刊于《古代文化》38卷6期（1986年）。姚义田从日文转译《马镫考》，刊于《辽海文物学刊》1996年第1期。

[33] 田立坤：《棘城新考》，《辽海文物学刊》1996年第2期。

[34] 朱泓：《朝阳魏晋时期鲜卑墓葬人骨研究》，《辽海文物学

刊》1996 年第 2 期。

[35] 辽宁省文物考古研究所、日本奈良国立文化财研究所：《辽宁北票市喇嘛洞鲜卑贵族墓地出土铁器的保护处理及初步研究》，《考古》1998 年第 12 期。

[36] 董高：《三燕佛教略考》，《辽海文物学刊》1996 年第 1 期；李新全：《三燕瓦当考》，《辽海文物学刊》1996 年第 1 期；郎成刚：《朝阳北塔三燕础石考》，《辽海文物学刊》1996 年第 1 期；周亚利：《朝阳三燕、北魏遗存中反映出的汉文化因素》，《辽海文物学刊》1996 年第 1 期；尚晓波：《大凌河流域鲜卑文化双耳镂孔圈足釜及相关问题考》，《辽海文物学刊》1996 年第 1 期。

[37] 八类墓葬分别是梯形土坑竖穴木棺墓、矩形土坑竖穴木椁墓、砖室墓、石板搭盖石室墓、石块垒砌石椁墓、石板搭盖石椁墓、石块垒砌石室墓、石块垒砌券顶石室墓。早期为莫护跋、木延、涉归时期，上限为曹魏初年，下限到西晋太康十年（289 年）慕容廆从辽东北迁回"徒河之青山"；中期始于慕容廆迁回"徒河之青山"，至前燕灭亡，即东晋太和五年（前燕建熙十一年，370 年）；晚期为后、北燕时期（384 ~ 436 年）。见田立坤：《三燕文化墓葬的类型与分期》，《汉唐之间文化艺术的互动与交融》，文物出版社，2001 年。

[38] 田立坤：《关于北票喇嘛洞三燕文化墓地的几个问题》，《辽宁考古文集》，辽宁民族出版社，2003 年。

[39] 田立坤：《袁台子壁画墓的再认识》，《文物》2002 年第 9 期。

[40] 万欣：《辽西地区慕容鲜卑与三燕文化研究综述》，《三燕文物精粹》，辽宁人民出版社，2002 年；万欣：《鲜卑墓葬、三燕史迹与金步摇饰的发现与研究》，《辽宁考古文集》，辽宁民族出版社，2003 年。

[41] 辽宁省文物考古研究所、朝阳市博物馆、北票市文物管理所：《辽宁北票喇嘛洞墓地 1998 年发掘报告》，《考古学报》2004 年第 2 期。

[42] 韦正：《鲜卑墓葬研究》，《考古学报》2009 年第 3 期。

[43] 潘玲：《对部分与鲜卑相关遗存年代的再探讨》，《边疆考古研究》（第 13 辑），科学出版社，2013 年。

[44] 田立坤：《步摇考》，《4 ~ 6 世纪的北中国与欧亚大陆》，科学出版社，2006 年。

[45] 江楠：《金步摇饰品的发现与研究》，《草原文物》2012 年第 2 期。

[46] 韦正：《金珰与步摇——汉晋命妇冠饰试探》，《文物》2013 年第 5 期。

[47] 徐秉琨：《步摇与慕容鲜卑》，《文史》2014 年第 4 期；又收入《北燕冯素弗墓》，文物出版社，2015 年。

[48] 王铁英：《马镫的起源》，《欧亚学刊》（第三辑），中华书局，2002 年。

[49] 陈凌：《马镫起源及其在中古时期的传播新论》，《欧亚学刊》（第九辑），中华书局，2009 年。

[50] 杨泓：《冯素弗墓马镫和中国马具装铠的发展》，《辽宁省博物馆馆刊》（2010），辽海出版社，2010 年。

[51] 田立坤：《古镫新考》，《文物》2013 年第 11 期。

[52] 陈山：《北票新发现的三燕马具研究》，《文物》2003 年第 3 期。

[53] 田立坤：《论喇嘛洞墓地出土的马具》，《文物》2010 年第 2 期。

[54] 中国社会科学院考古研究所技术室：《安阳晋墓马具复原》，《考古》1983 年第 6 期。

[55] 刘永华：《中国古代车舆马具》，上海辞书出版社，2002 年。

[56] 田立坤：《高桥鞍的复原及有关问题》，《东北亚考古学论丛》，科学出版社，2010 年（日本奈良文化财研究所日文版 2006 年出版）。

[57] 田立坤、吕学明：《日本古坟时代马具三则》，《东北亚考古学论丛》，科学出版社，2010 年。

[58] 田立坤：《鸾镳考》，《辽宁省博物馆馆刊》（2011），辽海出版社，2011 年。

[59] 田立坤：《三燕文化马具装饰纹样研究》，《辽宁省博物馆馆刊》（2012），辽海出版社，2013 年。

[60] 田立坤：《马掌小考》，《考古、艺术与历史——杨泓先生八秩华诞纪念文集》，文物出版社，2018 年。

[61] 田立坤、万雄飞、白宝玉：《朝阳古城考古纪略》，《边疆考古研究》（第 6 辑），科学出版社，2007 年；万雄飞：《三燕龙城宫城南门遗址及其建筑特点》，《辽西地区魏晋十六国时期都城文化研究》，辽宁人民出版社，2017 年。

[62] 田立坤：《龙城新考》，《边疆考古研究》（第 12 辑），科学出版社，2012 年。

[63] 辛岩、穆启文、付兴盛：《辽宁北票金岭寺魏晋建筑遗址发掘报告》，《辽宁考古文集》（二），科学出版社，2010 年。

[64] 田立坤：《金岭寺建筑址为"魇庙"说》，《庆祝张忠培先生八十岁论文集》，科学出版社，2014 年。

[65] 郑岩：《魏晋南北朝壁画墓研究》，文物出版社，2002 年。

[66] 万欣：《喇嘛洞铁工初论——兼议中国慕容鲜卑、朝鲜三国时期和日本古坟时代铁器葬俗的一致性与差异性》，《东

北亚考古学论丛》，科学出版社，2010 年；北京科技大学冶金与材料史研究所、辽宁省文物考古研究所：《北票喇嘛洞墓地出土铁器的金相实验研究》，《文物》2001 年第 12 期；韩汝玢：《北票冯素弗墓出土金属器的鉴定与研究》，《辽宁省博物馆馆刊》（2010），辽海出版社，2010 年；刘宁、刘博：《冯素弗墓出土的铁镜》，《辽宁省博物馆馆刊》（2011），辽海出版社，2011 年；申桂云、王怡威、刘博：《冯素弗墓出土金器的分析与研究》，《北燕冯素弗墓》，文物出版社，2015 年。

[67] 安家瑶：《冯素弗墓出土的玻璃器》，《桃李成蹊集——庆祝安志敏先生八十寿辰》，香港中文大学中国考古艺术研究中心，2004 年；周晓晶：《冯素弗墓出土的玉碗与玉剑首》，《辽宁省博物馆馆刊》（2011），辽海出版社，2011 年；刘宁：《北燕、柔然与草原丝绸之路——从冯素弗墓出土的玻璃器谈起》，《北燕冯素弗墓》，文物出版社，2015 年；陶亮、卢治萍：《冯素弗墓陶器综合考察》，《北燕冯素弗墓》，文物出版社，2015 年。

[68] 万雄飞、白宝玉：《朝阳老城北大街出土的 3～6 世纪莲花瓦当初探》，《东北亚考古学论丛》，科学出版社，2010 年；王飞峰：《三燕瓦当研究》，《边疆考古研究》（第 12 辑），科学出版社，2012 年；李新全：《三燕文化界格图案瓦当源流考》，《辽西地区魏晋十六国时期都城文化研究》，辽宁人民出版社，2017 年；王飞峰：《三燕、高句丽莲花纹瓦当的出现及其关系》，《辽西地区魏晋十六国时期都城文化研究》，辽宁人民出版社，2017 年。

[69] 田立坤：《六方连续纹样考》，《新果集——庆祝林沄先生七十华诞论文集》，科学出版社，2009 年；田立坤：《前燕的两个粟特家族》，《粟特人在中国——考古发现与出土文献的新印证》，科学出版社，2014 年。

[70] 朱泓：《朝阳魏晋时期鲜卑墓葬人骨研究》，《辽海文物学刊》1996 年第 2 期；朱泓、曾雯、张全超、陈山、周慧：《喇嘛洞三燕文化居民族属问题的生物考古学考察》，《吉

林大学社会科学学报》2012 年第 1 期。

[71] 辽宁省文物考古研究所、日本奈良文化财研究所：《东北亚考古学论丛》，科学出版社，2010 年；辽宁省文物考古研究所、日本奈良文化财研究所：《辽西地区东晋十六国时期都城文化研究》，辽宁人民出版社，2017 年。

[72] 田立坤：《步摇考》，《4～6 世纪的北中国与欧亚大陆》，科学出版社，2006 年。

[73] 宿白：《东北、内蒙古地区的鲜卑遗迹——鲜卑遗迹辑录之一》，《文物》1977 年第 5 期。

[74] 河南省文物研究所：《密县打虎亭汉墓》，文物出版社，1993 年。

[75] 田立坤：《六方连续纹样考》，《新果集——庆祝林沄先生七十华诞论文集》，科学出版社，2009 年。

[76] 《魏书》卷 30《安同传》，中华书局，1974 年，第 712 页。

[77] 吴钢主编，王京阳等点校，陕西省古籍整理办公室编：《全唐文补遗》第五辑《康晖墓志》，三秦出版社，1998 年，第 408 页。

[78] 田立坤：《前燕的两个粟特家族》，《粟特人在中国：考古发现与出土文献的新印证》，科学出版社，2014 年。

[79] 考古发现已有前秦辽东太守吕宪墓表，幽州刺史吕他墓表。见路遥《后秦〈吕他墓表〉与〈吕宪墓表〉》，《文博》2001 年第 5 期。

[80] 锦州市文物考古队：《辽宁锦州市前山十六国时期墓葬的清理》，《考古》1998 年第 1 期。

[81] 田立坤：《四世纪夫余史迹钩沉》，提交德国慕尼黑大学 2017 年"中国中古时期（4 至 7 世纪）的文化与文化多样性"国际学术研讨会论文，收入《从考古与文献看中古早期的中国北方》（德国），2019 年。

[82] 辽宁省文物考古研究所、朝阳县文物管理所：《辽宁省朝阳县土城子两座前燕墓》，《北方文物》2015 年第 2 期。

[83] 朱子方：《记后燕龙腾苑遗址的发现》，《东北地方史研究》1984 年创刊号。

慕容肇兴

鲜卑出自东胡，自匈奴破东胡后，东胡分化为鲜卑与乌桓。东汉桓帝时檀石槐建鲜卑军事大联盟，将鲜卑分为东中西三部，中部鲜卑大人主要有柯最、阙居、慕容，这是"慕容"最早出现在史书记载，为鲜卑慕容部之始。魏明帝景初二年（238 年），莫护跋（慕容廆曾祖）从司马懿伐公孙渊有功，拜率义王，始建国于棘城之北，号慕容氏。

魏正始五年（244 年），莫护跋之子木延，从魏幽州刺史毌丘俭征高句丽有功，加号大都督。慕容廆父涉归，以全柳城之功，进拜鲜卑单于，迁邑于辽东北。太康十年（289 年）慕容廆归附西晋，元康四年（294 年）移居大棘城。"八王之乱"中原动荡，慕容廆乘机侨置郡县，安置流民，共同开发辽海地区，开启了慕容鲜卑此后发展、融合之路。

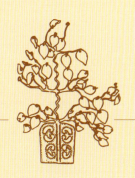

001
金指环

魏晋
直径2.1厘米
朝阳十二台乡腰而营子村一砖厂M9022出土
朝阳博物馆藏

以长条形薄金片折叠出棱后弯曲成环形，两端不相连，呈开口指环形制。

002
金耳环

魏晋
直径1.4厘米
朝阳十二台乡腰而营子村一砖厂M9022出土
朝阳博物馆藏

一对两件。均以细细的金条弯曲成圆环形，开口。金条经过锤制，截面呈菱形。两端略尖，便于佩戴。

003
金耳环

魏晋
直径1.3厘米
朝阳十二台乡腰而营子村一砖厂M9022出土
朝阳博物馆藏

圆形，截面呈菱形，两端略收。

004

金步摇

魏晋
宽9.5、高14.5厘米
朝阳十二台乡红砖一厂M8713出土
朝阳博物馆藏

花树状，底为片状帽形，中央有竖形凸脊，两侧镂雕出对称卷叶形纹，主干于上顶中央，形似圭状，中央镂空。主干周围分出六条枝干，每隔一段绕成一环，内套桃形叶片，每枝有三个叶。

207 年，曹操在柳城大败三郡乌桓，将大批人口徙往中原（《三国志·魏书·武帝纪》），辽西地区人口减少，经济遭到严重破坏。因此，慕容鲜卑初居辽西时，当地的政治、经济、文化都比较落后，这一时期实行公共墓地制。考古发掘的墓地主要是朝阳十二台乡王子坟山墓群，1987、1990 年在该墓地范围内对十二台乡红砖一厂和腰而营子村一砖厂进行清理发掘，共发掘 35 座墓葬，年代有春秋、战国、西汉和魏晋时期，其中魏晋时期墓葬共 21 座，随葬品多生活日用陶器、简单的生产工具、装饰品、兵器等，数量和种类都较少，墓葬中反映的文化因素也比较单纯，这与辽西地区当时的历史背景是相吻合的。

005

压印几何纹新月形金牌饰

魏晋
宽7.8厘米
朝阳十二台乡腰而营子村一砖厂M9022出土
朝阳博物馆藏

如弯月状，用金片压出几何纹，两端边缘各有两
个系孔。

006

金泡饰

魏晋
直径均0.9厘米
朝阳十二台乡腰而营子村一砖厂M9022出土
朝阳博物馆藏

18枚，大小相同。半圆形，边缘有对称的两个小孔。
据出土位置判断，属靴上的饰物。

007
银牌饰

魏晋
直径3.7、高2.5厘米
朝阳十二台乡腰而营子村一砖厂M9022出土
朝阳博物馆藏

以薄薄的银片剪制成大半圆形，中央有一孔。

008
"率义侯印"马钮铜印

魏晋
长2.35、宽2.35、通高3、印体高1厘米
朝阳北四家子乡征集
朝阳博物馆藏

马钮，马身通体饰线刻鬃毛，印面篆书阴刻"率义侯印"四字。

据《晋书·慕容庑载记》魏景初二年（238年），慕容鲜卑莫护跋从司马懿攻讨公孙渊有功，拜率义王，始建国于棘城之北。魏晋南北朝时期的官印，沿袭汉制，印面阴刻篆书汉文，印钮除汉印普通的瓦钮或桥钮外，出现了兽钮，如"晋鲜卑率善佰长印""晋乌丸率善佰长印"，皆兽钮方印，均属魏晋时期由中央王朝颁授给少数民族首领的地方官印。

曹魏初年至289年，即慕容鲜卑莫护跋、木延、涉归时期，是慕容鲜卑初入辽西，早期发展的时期。

009

暗纹灰陶壶

魏晋
口径7.4、底径6.1、高11.4厘米
朝阳十二台乡腰而营子村一砖厂M9022出土
朝阳博物馆藏

夹砂灰陶。侈口，圆唇，鼓腹，平底。器表经打磨，较光滑。颈及肩部饰有暗条纹。

010

暗纹灰陶壶

魏晋
口径9、底径6.4、高13.4厘米
朝阳十二台乡腰而营子村一砖厂M9022出土
朝阳博物馆藏

泥质灰陶。敞口，卷沿，圆唇，鼓腹较肥，腹最大径在中部，平底。颈及肩部饰暗纹，底面饰"十"字形暗纹。

011

三足灰陶壶

魏晋

口径13.5、底径11、高22.5厘米

朝阳十二台乡腰而营子村一砖厂出土

朝阳县博物馆藏

泥质灰陶。直口，束颈，圆腹，圜底，底置三足，其中一足残，一足缺失。从口沿到腹部有多道弦纹。

定都龙城

　　前燕、后燕、北燕均曾定都于龙城（今朝阳市）。东晋咸康七年（341年）燕王慕容皝"使阳裕、唐柱等筑龙城，构宫庙"，342年慕容皝迁都龙城，到436年北燕被北魏灭亡，其间除370年前秦灭前燕占据15年外，龙城作为三燕都城或留都达80年。龙城是慕容鲜卑进入辽西地区百年后建立的第一座城市，也是前燕的第二座都城。

　　朝阳自前燕慕容皝建城以来，先后作为三燕龙城、北魏营州昌黎郡、隋柳城郡、唐营州柳城、辽霸州、金兴中府、元兴中州、明营州后屯卫、清三座塔厅、朝阳县，城址历朝沿用，直至现代。现存三燕龙城遗址是第八批全国重点文物保护单位。

三燕龙城

　　三燕龙城遗址，由龙城北门、宫城、宫城南门和龙腾苑遗址等部分组成。考古发掘可知，龙城北宽南窄，设四门，宫城在城区的北部，城北有慕容熙时所建的龙腾苑。龙城的时代介于曹魏邺城和北魏洛阳城之间。宫城在城区北部的布局模式，显然直接接受了曹魏邺城的影响。

和龙宫遗址

　　和龙宫是十六国前燕王慕容皝在龙城修建的宫殿建筑，后燕、北燕沿用，焚毁于北燕灭亡时。东晋永和元年（345年）"时有黑龙白龙各一，见于龙山，皝亲率群僚观之，去龙二百余步，祭以太牢。二龙交首嬉翔，解角而去。皝大悦，还宫，赦其境内，号新宫曰和龙。"这是"和龙宫"的正式命名。

　　和龙宫宫殿基址位于今朝阳北塔塔基下，包括北塔广场一带，属于三燕龙城遗址的一部分。共发掘出了宫殿夯土台基、主体建筑、三燕早期及晚期回廊等多处建筑残迹，并出土了四神纹覆斗式柱础石等若干三燕时期文物。

　　朝阳北塔始建于北魏孝文帝太和年间（485年前后），是北魏文成文明皇后冯氏（即冯太后）在和龙宫旧址上，为了给其祖父北燕王冯弘祈求冥福并弘扬佛法而修建。

龙腾苑

　　403年，后燕皇帝慕容熙大兴土木，为其所宠爱的苻氏姐妹在龙城北部建造了皇家苑囿——龙腾苑，苑内有景云山、逍遥宫、甘露殿、曲光海、清凉池，连房数百，观阁相交，广袤十余里。经调查考证，确认今朝阳市城北木营子俗称为"东团山子"的，即为后燕龙腾苑内的人工假山。"东团山子"基部直径尚存150余米，残高18米左右，夯筑痕迹还清晰可辨。

龙城宫城南门遗址

　　龙城宫城南门为三门道结构，坐北朝南，门道结构保存完好，共经历了前燕、后燕、北燕、北魏、唐、辽各时期的建筑和改建，历时1000余年，这在我国城市考古中是极为罕见的发现，为研究十六国时期北方城市的城门形制提供了实物资料。

前燕门址

前燕门址直接建筑于生土之上，为341年首次建城之遗迹。城门坐北朝南，有三个门道，中门道首先发现，随后又清理出东、西两个门道。在门址东西两侧发掘出当时城墙，其中东城墙发现50米，西城墙发现10余米。门址和城墙全部为黄土夯筑，夯层厚度8～10厘米。

后燕门址

405年，后燕慕容熙"拟邺之凤阳门，作弘光门，累级三层"。通过考古发掘看到，第二次修筑的门址是在第一次基础上改、扩建而成。位置与前者重叠，也是三门道。在门道内设置有砖和木柱等。到北燕时继续沿用此门。

北魏门址

北魏熙平二年（517年）曾重建龙城，考古发掘发现，到了第三期门址，其形制发生较大变化。最明显的是把东西两门道堵死，只留中门通行。

唐代门址

唐开元五年（717年）"更于柳城筑营州城，兴役三旬而毕"。唐代门址为第四期门址，也是一个门道，但规模有所扩大。门墩的南北两端和城墙都进行了增补，门墩都用砖包裹，门道中砌有砖路。

辽代门址

辽代门址叠压在唐代门址上，方向和格局都相似于唐代，但规模有所减小，门墩底部以大块条石为基础，门道宽5、长20.5米。门道内石板上留有长期使用磨损的痕迹，堆积的大量烧土中还有佛像残块、残碑及石狮子等，说明此时内城已经废弃，该门道成为南北轴线上的通衢。

与门有关的记载

405年 ◆ 后燕慕容熙拟邺之凤阳门，作弘光门，累级三层。

407年 ◆ 二月，慕容熙为其后造承华殿，负土于北门，土与谷同价。四月符氏死，熙悲号躃踊，若丧考妣，被发徒跣，步从符氏丧。丧车高大，毁北门而出。长老窃相谓曰："慕容氏自毁其门，将不久也。"中卫将军冯跋等乘机帅众攻弘光门，鼓噪而进，禁卫皆散走；遂入宫授甲，闭门拒守。慕容熙收发贯甲，驰还赴难。夜至龙城，攻北门不克，宿于门外。后退入龙腾苑。

409年 ◆ 后燕高云为宠臣离班等所弑，冯跋登上弘光门城楼，察看和龙宫里的变乱。冯跋见高云已死，于是诛杀离班，即位称天王。

421年 ◆ 北燕冯跋境内地震山崩，弘光门鹳雀折。

436年 ◆ 北魏攻北燕，北燕冯弘求助于高句丽，高句丽兵自东门入龙城，大掠城中，毁龙城，焚宫殿，火一旬不灭。

慕容鲜卑早期定居地及慕容诸国都城一览表

人物	时间	定居地及都城	现地址
莫护跋	景初二年（238年）	棘城之北	北票市金岭寺
涉归	约正始五年（244年）	辽东北	通辽以南，彰武以北，下辽河以西
慕容廆	太康十年（289年）	徒河之青山	朝阳至义县一带，大凌河中下游
	元康四年（294年）	棘城（294～333年）	北票市章吉营子乡三官营子村
前燕慕容皝	咸和八年（333年）	棘城（333～341年）337年称燕王，史称前燕，定都棘城	
	咸康八年（342年）	龙城	朝阳市老城区
前燕慕容儁	永和六年（350年）	蓟城（350～357年）	北京市
	升平元年（357年）	邺城（357～370年）	河北省临漳县西南
后燕慕容垂	太元十一年（386年）	中山（386～396年）	河北省定县
后燕慕容宝	隆安元年（397年）	龙城	朝阳市老城区
西燕慕容冲	太元十年（385年）	长安	陕西省西安市
西燕慕容永	太元十一年（386年）	长子	山西省长子县
南燕慕容德	隆安二年（398年）	广固	山东省青州市
北燕冯跋	义熙五年（409年）	龙城	朝阳市老城区
吐谷浑可汗夸吕	6世纪	伏俟城	青海省共和县铁卜卡古城

001

莲花纹瓦当

十六国前燕
直径18、厚4厘米
朝阳东街小学院内出土
朝阳县博物馆藏

圆形，周边凸起，采用模印图案。单栏六界格，当心圆凸，外有弦纹两周。饰六瓣莲花纹，每界格内饰一朵莲瓣，衬几何形叶纹。

002

莲花纹筒瓦

十六国前燕
通长53.8、当面直径17.4厘米
北票大板镇大凌河南岸采集
北票市博物馆藏

当面为圆形，采用模印图案。单栏六界格，当心圆凸，外有弦纹一周。饰六瓣莲花纹，每界格内饰一朵莲瓣，衬几何形叶纹。

003

四龙纹铜镜

隋
直径14.7厘米
朝阳南门外出土
朝阳博物馆藏

圆钮，圆钮座，围以联珠纹。龙虎等四兽绕钮环列，其外依次有联曲纹带、锯齿纹带。三角缘。西安隋炀帝大业四年（608年）苏统师墓出土有相同的铜镜。

004

人头像

唐

宽3.4、高4厘米

朝阳老城出土

辽宁省文物考古研究院藏

面部略显瘦削，高眉骨，以向上的短线表现眉毛的走向；凤形眼，以戳压出的圆窝表现眼珠，炯炯有神地目视前方；鼻梁笔直，有残缺。上唇有八字须，面有络腮须；双耳略向前展，在耳垂处有圆形戳洞，可见应戴有耳饰。此像小巧，人物五官神态刻画生动、细致，具有异域人的特点。

005

胡人头像

唐

宽7.8、高11厘米

朝阳老城Ⅲ号地点XQ⑤：11

辽宁省文物考古研究院藏

发髻高梳，两耳处留倭发罩住耳朵，戴巾帻，有三角形纹及指甲纹表现巾帻的图案。高眉骨，眼窝深邃，双眼有神，高鼻梁，双颊丰满，颧骨高凸，嘴微张，似在言语。下颌留须。五官及发饰具有鲜明的西域人特点。

006
陶佛像

北魏
高22厘米
朝阳老城Ⅲ号地点03CL②：19
辽宁省文物考古研究院藏

红陶模制，表面施白色化妆土。佛像头顶有肉髻凸起，
面颊丰满，长眉细眼，直鼻小口，面似微笑，眉间
有白毫，双耳落垂于肩。结跏趺坐，双手合于腹前
系禅定印。披袒右袈裟，袈裟一角搭于右肩，在左
肩所披袈裟的领子处刻有折叠的褶皱纹。此身像是
如来佛身躯。面部一侧及肩背部略灰黑，似经火烧。
此像风格与朝阳北塔北魏造像风格一致。

007
人面半瓦当

十六国前燕
朝阳老城Ⅲ号地点04CLIVH19：36
宽30、高15厘米
辽宁省文物考古研究院藏

灰陶。浮雕人的面部，细眉、凸目、悬胆鼻、
张口露齿，用几根线条表示胡须。为十六国
时期前燕的建筑构件。

慕容廆庙

金岭寺建筑遗址，位于辽宁北票大板镇金岭寺村。残存三组建筑址和大量的筒瓦、板瓦等建筑构件，整体结构层次复杂、空间布局主次分明、秩序井然，整齐划一，是一处较大规模、特殊的礼制性建筑——前燕慕容儁为其祖父慕容廆所建之庙。

（慕容儁）使昌黎、辽东二郡，营起廆庙，范阳、燕郡构觊庙，以其护军平熙领将作大匠，监造二庙焉。——《晋书·慕容儁载记》

008

莲花纹筒瓦

十六国前燕
通长56、当面直径17厘米
北票大板镇金岭寺建筑遗址出土
辽宁省文物考古研究院藏

当面为圆形，采用模印图案。单栏六界格，当心圆凸，外有弦纹两周。饰六瓣莲花纹，每界格内饰一朵莲瓣，衬几何形叶纹。

009
筒瓦

十六国前燕
长39.8、宽19.4、高9.8厘米
北票大板镇金岭寺建筑遗址出土
北票市博物馆藏

半圆形。两侧长边由内向外半切口。内有布纹。

010
板瓦

十六国前燕
长43、宽35～39厘米
北票大板镇金岭寺建筑遗址出土
辽宁省文物考古研究院藏

泥质灰陶。两头皆平口，大头近口部抹斜。瓦内
带有布纹，外侧边缘饰有指压纹。

农桑并举

　　西晋元康四年（294年），慕容廆移居大棘城，教以农桑；同时通好于晋，求种江南，由江左引进桑树。慕容鲜卑不断吸收汉文化因素，逐渐由游牧经济过渡为农业经济，中原的先进思想文化、农业生产技术及日用杂物、生产工具、兵器也大量输入辽西，为其所用，这些都加速了慕容鲜卑的汉化过程。慕容廆等鲜卑首领勤于政事、爱重人物、劝课农桑、重儒重教的措施对以龙城为中心的辽西地区经济的恢复和发展起到了重要作用。

011

牛耕图

十六国前燕
宽69、高39厘米
朝阳袁台子壁画墓出土
摹本现藏辽宁省博物馆

图像位于西壁龛顶部，绘红、黄二牛挽犁耕作。一扶犁者圆脸，黑帻，着方领短衣，领边、袖口镶黑边，束腰，长裤，左手扶犁，右手扬鞭赶牛。牛前并列二人，黑帻，着青色短衣，领边、袖口亦镶黑边，束腰，似在协助耕作。画法较为简洁，两牛牛身直接用颜色涂绘，不用墨线勾勒，很有特色。

012

牛耕图

十六国北燕
宽67、高20厘米
朝阳北庙村M1壁画墓出土

图像绘于墓室西壁中部。前面画一头身涂红色的耕牛挽犁，后面跟一人扶犁耕作。又后画一人执锄破土。下部画面用朱红彩画出三道并行的波浪状纹，表示耕过的土地或沟垄。在沟垄间，有三只小鸟掠地飞行。犁后与曲柄锄头前有一雄鸡，昂首鼓翅，作捕食状。壁画犁辕部分、扶犁人和执锄人形象都已剥蚀。从保留下来的画面分析，当时已使用一牛一人的犁耕法。绘画只用黑、红二色，先用墨线勾画轮廓，后以点染或平涂的技法增强艺术效果。

011

012

◆ 慕容廆时期引进桑树，必然会在东北地区推广种桑养蚕织布的技术及生产。前燕慕容暐时"绮谷罗纨，岁增常调"，北燕冯跋也曾下令进一步推广种桑，"人植桑一百根，柘二十根"。可见三燕时期已有大量的桑麻丝织布帛的生产。

◆ 宋该，字宣弘，为（前燕）右长史，太祖（慕容皝）会群僚，以该性贪，故赐布百余定，令负而归，重不能胜，乃至僵顿，以愧辱之。

——《艺文类聚·布帛部·布》

北燕冯素弗墓出土器物	附着织物组织图
"车骑大将军章"鎏金铜印	
"大司马章"鎏金铜印	
青铜虎子	
铜盆	
铁镜	

农具

前燕时期牛耕也与中原一样得到广泛普及。东晋永和元年（345年）慕容皝下令："苑囿悉可罢之，以给百姓无田业者。贫者全无资产，不能自存，各赐牧牛一头。若私有余力，乐取官牛垦官田者，其依魏晋旧法。"农业的发展体现在考古发现了大量的生产工具，喇嘛洞墓地出土铁器数量最多，其中生产工具有犁铧、犁镜、镰、锸、铲、斧、凿等。

013
铁铧

十六国前燕
长43、宽31、厚7厘米
北票南八家乡四家板村喇嘛洞墓地出土
辽宁省文物考古研究院藏

铸制。平面呈三角形，正面中部起脊，脊两侧各有一穿孔，尖部略上翘，两边刃外弧，底边平，三角形銎口；背面中部具一孔，近铧尖处起一道纵向凸棱。

014
铁铧冠

十六国前燕
横宽26.8、高15、刃缘厚1厘米
北票南八家乡四家板村喇嘛洞墓地出土
辽宁省文物考古研究院藏

铸制。平面呈"V"形，尖部圆钝，中部起脊，两边刃外弧，内侧有凹槽。

015
铁锸

十六国前燕
长8.5、宽13、侧厚2厘米
北票南八家乡四家板村喇嘛洞墓地出土
辽宁省文物考古研究院藏

铸制。平面作"凹"字形，刃外弧，内侧有凹槽。

016
铁镰

十六国前燕
长16、宽2、厚0.5厘米
北票南八家乡四家板村喇嘛洞墓地出土
辽宁省文物考古研究院藏

锻制。弧背曲刃，前锋圆钝，尾端渐宽且向上翻
卷起棱。

017
铁穿

十六国前燕
长22厘米
北票南八家乡四家板村喇嘛洞墓地出土
辽宁省文物考古研究院藏

锻制。圆銎，尖锥状四棱体。

生活用具

慕容鲜卑移居大棘城后，积极推行汉化政策，从逐水草迁徙转为农耕定居生活。前燕时期农业的发展，改变了慕容鲜卑的生活方式，考古发现有牛耕、家居、汲水、庖厨等反映生活的墓室壁画，出土的随葬品中，有盆、盘、壶、洗、釜、灶、井、磨等陶器，也有釜、甑、镂、提梁罐、钵、碗、盏、盘、熨斗等铜器，都是生活器具的真实反映。

018

汲水图

十六国北燕
存高12.3厘米
朝阳沟门子乡北庙壁画墓出土
朝阳博物馆藏

井架似为木制，架上安滑轮，汲水女子手拽长绳打水。女子头顶结双环髻，系彩带，两鬓垂发，身着间色裙，眉间、眉梢、口唇及脸颊部均点染红彩。

019

红陶杯

魏晋

口径8.3、高4.5厘米

喀左平房子镇三台村出土

喀喇沁左翼蒙古族自治县博物馆（以下简称喀左县博物馆）藏

陶质较粗。圆唇，直壁，平底，底部有压印的圈带。

020

灰陶踏碓

十六国北燕

臼口径8、底座边长7.5、通高5.5厘米，支架高14、踏杆长24.5厘米

朝阳大平房壁画墓出土

朝阳县博物馆藏

泥质灰陶，胎质较细。由杵杆、支架、臼组成，支架中间各有一相对孔以置杵，臼微敛口，圆唇，直腹，方形平底座。

021

单孔灰陶灶

十六国北燕
长23.5、宽7.5～13.4、通高11.5厘米
朝阳大平房壁画墓出土
朝阳县博物馆藏

泥质灰陶。长方形，前宽后窄，单火眼，出土时
上置一釜一甑，后部斜出一烟筒，火门方形，通地。
灶面前端刻划三格。

022

灰陶甑

十六国北燕
口径22.5、底径8、高10.5厘米
朝阳大平房壁画墓出土
朝阳县博物馆藏

泥质灰陶。侈口，卷沿，斜直腹，平底，底部有
七个穿孔，孔距相等。素面。

023

曲柄灰陶匕

十六国北燕
通长19、勺径6.2厘米
朝阳大平房壁画墓出土
朝阳县博物馆藏

泥质灰陶。长柄，勺呈圆形，略深，柄背隆起，柄端下弯折作鸟首形。

024

灰陶仓

十六国北燕
口径15.5、底径13.5、高21.5厘米
朝阳大平房壁画墓出土
朝阳县博物馆藏

泥质灰陶。方口微敛，圆身，直腹，平底。口下饰一周弦纹。一说此为陶井明器。

025

灰陶磨

十六国北燕
直径12.5、厚1.2厘米
朝阳大平房壁画墓出土
朝阳县博物馆藏

泥质灰陶，仿石磨，此为下磨盘。圆形，磨心圆圈内有一凸起，磨盘上有扇形磨道，宽边。

026

酱釉弦纹壶

十六国前燕
口径6、底径7.8、高13厘米
朝阳十二台乡砖厂出土
朝阳县博物馆藏

酱釉，满釉，釉质粗，胎质粗糙。侈口，束颈，斜肩，鼓腹，平底。颈部饰凸弦纹五道。

027

酱釉陶杯

十六国前燕
口径7.6、底径4.5、高2.8厘米
朝阳十二台乡砖厂王子坟山M4出土
朝阳县博物馆藏

夹砂褐陶质，火候较高，器表遍施酱釉。微敛口，平底，器壁较薄。口沿有刀砍痕迹，内底中部凸起。底部有轮制及支钉痕迹，外壁饰弦纹三道。为南方窑口烧造的釉陶器，是东晋时期的典型器物，是当时慕容鲜卑与东晋王朝之间政治、文化交流的实物例证。

028

酱釉陶罐

十六国前燕
口径5.8、腹径11、底径5、高9厘米
朝阳十二台乡砖厂王子坟山M6出土
朝阳县博物馆藏

周身施酱釉，胎质灰色。直口，直颈，广肩，斜腹，微凹底。素面。

029

酱釉陶罐

十六国前燕
口径12.5、腹径20.5、底径10、高20.5厘米
朝阳十二台乡砖厂王子坟山M6出土
朝阳县博物馆藏

器表施酱釉。侈口，侈沿，圆唇，斜肩，鼓腹，平底。
素面。

030

三系黄釉陶罐

西晋
口径4.2、底径5.5、高9厘米
北票章吉营子北沟M8出土
朝阳博物馆藏

通体施黄釉。口略残，直口，直颈，广肩，腹斜下收，
小平底，肩部有贴塑的三系。

031

双耳镂空圈足铜鍑

十六国前燕
口径10、圈足径8.2厘米
朝阳十二台乡十二台M3出土
朝阳县博物馆藏

直口，沿上置桥状双耳，一耳残缺。深腹，腹壁一面平直，喇叭状高圈足，足上三个梯形镂孔。鍑，是从西周到北朝时期，在中国北方地区存在的一种有别于中原青铜容器的炊器。《汉书·匈奴传》记"胡地秋冬甚寒，春夏甚风，多赍鬴鍑薪炭，重不可胜"。鍑，釜之大口者也，主要有铜、铁质地。三燕文化的铜鍑源于北方草原地区，有高圈足及平底两种形态，体现了继承、创新的器物发展特征。

032

双耳镂空圈足铁提梁铜鍑

十六国前燕
通高19.8厘米
朝阳袁台子壁画墓出土
朝阳博物馆藏

深腹，腹壁一侧平直，圜底。圜底下置喇叭形高圈足，足壁有三个梯形镂孔。口沿宽径两侧附有对称的桥状立耳，双耳间衔接的铁环提梁已残损。

033
单耳镂空圈足铜鍑

十六国前燕
口径3.6、腹径18、高6.5厘米
朝阳十二台乡腰而营子村征集
朝阳博物馆藏

直口，圆鼓腹，腹侧有一横置系耳。喇叭状高圈足，圈足上有梯形镂孔。

034
双耳平底铜鍑

十六国
口径12.3、底径9.5、高17.7厘米
北票南八家乡四家板村喇嘛洞墓地出土
北票市博物馆藏

直口，圆唇，深腹，平底，腹壁较直且向下斜收，口部两侧对称立耳。

035

凸弦纹铺首耳铜甑

十六国前燕

口径23.1、腹径9.1、底径10.7、高10.8厘米

北票南八家乡四家板村喇嘛洞墓地出土

北票市博物馆藏

展沿，圆唇，小圈足，内底有扇形箅孔。腹部有
三道弦纹，两侧各一铺首。

036
刻"周"字款铜釜

十六国前燕
口径12.8、底径12.5、高13.5厘米
朝阳十二台乡腰而营子砖厂姚金沟M2出土
朝阳县博物馆藏

敛口，圆腹，圈足，腹部有一周宽平沿，底部有
烟垢痕迹。肩部一侧錾刻"周"字。

037
双耳铜釜

十六国前燕
口径8.1、底径5.9、高11.8厘米
出土地点不详
朝阳博物馆藏

敛口，溜肩，深腹，腹壁向下斜内收，平底，口
部两侧具对称立耳。

038
铜釜甑

十六国前燕
口径22.5、高34厘米
北票章吉营乡沟村西出土
朝阳博物馆藏

甑直口，腹较深，平底，底部有均匀分布的圆孔十九个。釜口微敛，短领，圆肩，鼓腹，腹侧一周平沿。下腹斜收，外部有粘焊物残留，似为修补痕迹。器底内部近于圜底，外部有多处片状金属物，似修补和支座痕迹。

039
鎏金提梁小铜壶

十六国北燕
口径5.3、高8.5、通高约13厘米
北票西官营子北燕冯素弗墓出土
辽宁省博物馆藏

小壶上加提梁，作悬垂熏蒸之用。壶侈口，口沿平齐，束颈，圆腹，圜底。壶肩两侧对称出双斜耳，上系提梁。提梁如一弓背，为圆体铜材锻制，两端出龙首，口目皆具，额上一长角，角尖翘起。龙颊透穿小圆孔，系三节链环，以连于壶的双耳。提梁中腰打平扩展成为一个小圆盘，中心铆一小圆孔，穿一铜丝拧成可以转动的系柄以供悬挂。全器布满绿色铜锈，外壁鎏金，内壁仅颈部以上有鎏金。

040

提梁铜罐

十六国北燕
口径9.2、底径6.5、高9.1、通高19.5厘米
北票西官营子北燕冯素弗墓出土
辽宁省博物馆藏

敛口罐，平底，肩上双小耳，系链环，上连弓形铜梁，梁中腰有可活动的立式系柄。链环皆四节，系以铜丝盘曲做成，上下两节为单环，中间两节为链。上节单环穿在弓形提梁两端的螭首口颊位置。肩、腹间有明显的折线，由口至肩有三组弦纹，腹部一组弦纹。

041

圈足提梁铁盖铜鍑

十六国北燕

锅高16.9、通高26.9厘米

北票西官营子北燕冯素弗墓出土

辽宁省博物馆藏

此为铜、铁复合器。铜锅作子母口，附耳，高圈足上三个梯形大镂孔，腹侧出一夹鼻，连接可启合的铁盖，盖顶附一游环为钮。双附耳上系铁梁，梁两端作螭首形。镂孔高圈足的圜底深腹鍑为北方鲜卑等民族的炊具形制，但一般为立耳，无提梁，此鍑附耳提梁，比较少见。提梁饰螭首形，带有汉文化色彩，这是一件属于鲜卑族而带有中原与鲜卑文化融合痕迹的文物。

墓室丹青

　　壁画墓是历史考古学研究的一项重要内容，历年来田野考古发现了大批魏晋南北朝时期的壁画墓，分布地域广泛，图像内容丰富。三燕文化壁画墓分布在辽西朝阳附近，此时正值民族纷争至民族融合的时代，该地区的壁画墓不仅从多方面表现出4至5世纪中叶胡汉文化相互渗透交融的特征，而且为研究这一时期绘画艺术提供了丰富的资料，可以加深我们对于魏晋南北朝历史和古代美术史的认识，具有重要的历史和艺术价值。

前燕壁画摹本

　　袁台子前燕壁画墓位于朝阳十二台乡袁台子村内，1982年秋发现，同年由辽宁省博物馆和朝阳地区博物馆联合发掘。此墓以绿砂岩石板、石条构筑，由墓道、墓门、墓室、耳室、壁龛组成。墓道朝南，为斜坡式，长7.2、宽2米；墓门置于墓室南壁正中，宽1.08、高1.1米；墓室呈长方形，进深4、前宽3、后宽1.8米；墓室前东部设有耳室，墓室东壁后部及北壁、西壁均设龛。该墓随葬品十分丰富，出有陶、瓷、石、铜、银、铁、漆器和货币等文物数十件。

　　袁台子墓室内的石壁表面，涂有一层黄草泥，泥外又抹一层白灰面，厚约1.5～2厘米。在白灰表面，以红、黄、绿、赭、黑等色绘制壁画。主要内容有门吏、甲士、墓主人像和出猎、庭院、屠宰、膳食、奉食、宴饮、出行、牛耕、四神、日月星云等图像。除部分画面因白灰脱落残损或失色外，大部分画面清晰。壁画以写实为主，各部分画面主题明确，在技法上，基本上是以墨线勾勒、填色平涂画法为主，但也有个别的地方用色和墨直接涂绘而不加勾勒，色彩浓淡渲染适度，可代表当时壁画所达到的水平，为研究当时的社会生活、文物制度、服饰和绘画艺术都提供了极为真实可靠的资料。壁画摹本现藏辽宁省博物馆。

042

门吏图

十六国前燕
宽42、高85厘米
朝阳袁台子壁画墓出土
摹本现藏辽宁省博物馆

图像位于墓室门内立柱的左面。门吏黑帻，方脸，
高鼻，红嘴獠牙，着广袖长衣、黑靴。

043

门吏图

十六国前燕
宽48、高87厘米
朝阳袁台子壁画墓出土
摹本现藏辽宁省博物馆

图像位于墓室门内立柱的右面。门吏黑帻，方脸，
张嘴露齿，瞋目张须，着方领广袖长衣，着靴，
双手执长矛。门吏的画法娴熟流畅，形象夸张而
有趣，与后世的门神相似。

044
墓主人图

十六国前燕
宽65.2、高80.5厘米
朝阳袁台子壁画墓出土
摹本现藏辽宁省博物馆

图像位于前室西龛内。画面上方帷幕高悬，帷帐
挽结，下垂朱带。左右有屏障。主人坐于帐下方
榻之上，戴黑冠，面长圆，浓眉大眼，高鼻，红唇，
大耳，留须。身着右衽红袍，黑领、广袖。左手
平放于胸腹之前，右手执麈尾于右肩前。左方屏
后立二侍女，高髻，着方领长衣，面目不清。右
方屏后亦立侍女，仅见高髻。下部画面已模糊不清。

045
仕女图

十六国前燕
宽66、存高53厘米
朝阳袁台子壁画墓出土
摹本现藏辽宁省博物馆

图像位于主人图前面的南壁上。上部画面东西并
列四人，均面向墓主人。西面二人站立，手捧器物；
东面二人由于白灰面脱落，仅见头部。四人均双
环高髻，横贯朱笄。面部方圆，弯眉大眼，高鼻，
朱唇，额、颧骨部均涂朱。着方领长袍，装束艳丽。
下部已漫漶不清。

046

夫妇图

十六国前燕
宽51、存高43厘米
朝阳袁台子壁画墓出土
摹本现藏辽宁省博物馆

图像位于东耳室南壁，大部画面漫漶不清。并列男女两人。女人居左，高髻，圆脸，高鼻，着方领长袍。男人居右，黑帻，方圆脸，高鼻，着圆领长袍。男像右侧有墨书题铭"[夫]妇君向□芝□像可检取□□主"，共三行十四字，楷书体。右上方另有一男子，黑帻，方领短衣，长裤，黑鞋。双臂前伸，似作取物姿态。身后似有屏障。这幅画似表现侍者服侍主人夫妇宴饮的场面。

庭院图

十六国前燕
宽91、高83.5厘米
朝阳袁台子壁画墓出土
摹本现藏辽宁省博物馆

绘于西壁后部。以墨线勾出高大的砖筑院墙，院内有过墙的高树，院内一人。画面上方停放三台车，有二人手持木梯。车旁亦有一人，均裹黑帻。其余画面已漫漶不清。

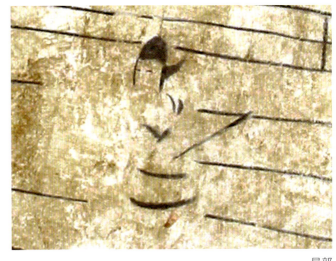

局部

048

屠宰图

十六国前燕
宽45、高88厘米
朝阳袁台子壁画墓出土
摹本现藏辽宁省博物馆

图像位于北壁东部，分上下两部。上部用墨线勾出
横枋，枋两端各有立柱，柱下有础石。枋上悬挂铁
链钩，钩上挂肉块、雉、鱼等物，画面已脱落残损。
下部有两头被捆绑待宰的黑猪，左面枋柱拴一只羊，
其下有一黑帻、着长袍束腰的男子牵引一头牛。右
面一人仅见有模糊的头部，再下有一人，仅见头部
黑帻。

049

膳食图

十六国前燕
宽83、高52厘米
朝阳袁台子壁画墓出土
摹本现藏辽宁省博物馆

图像位于东壁后部，画中三人。右一人黑帻，着方
领短衣，领边袖口镶黑边，长裤，右手持刀，左手
持物，俯首于俎案上作切菜姿态。俎旁置盛菜的方
盘，下置樽、魁等器。中间一人装束、动作均与前
同，前置三排杯盘。左边一女子，高髻，着方领衣，
忙于灶前。灶上置釜，女子身后有一五层笼屉。

050

奉食图

十六国前燕
宽98.5、高51厘米
朝阳袁台子壁画墓出土
摹本现藏辽宁省博物馆

图像位于西壁前部，一列七人。左起第一人头戴冠，脸方圆，浓眉大眼，高鼻，朱唇，作回首张望姿态。着黑方领广袖短衣，束腰系带，穿黑鞋。右手执环首长刀，环首有朱缨下垂。左手按于胸前。第二人黑帻，短衣束腰，黑裤，黑鞋，双手合于胸前，似捧物。第三人黑帻，黄色短衣，腰带挽

结飘垂于身后，双手合于胸前作捧物状。第四人黑帻，橙色短衣，腰带飘于身后，橙色裤，黑鞋，双手捧案，案上置耳杯三件。第五人黑帻，橙色短衣镶黑领边，飘带飘于身后，黑裤，黑鞋，双手捧樽于胸前。第六人方圆脸，黑帻，着方领橙色短衣，领边、袖口镶黑边，腰系带飘垂于身后，黑裤，黑鞋，左手提魁，右手提勺。第七人形貌不清，仅见双手作捧盘状。在第五、六人头上部有墨书题铭，现只可识出"二月己……子……殡背万……墓……墓奠"等楷书字样。在第一人头上部还残存一龙首。

051

青龙图

十六国前燕
宽111、高65厘米
朝阳袁台子壁画墓出土
摹本现藏辽宁省博物馆

图像位于狩猎图下部。绘一昂首、张嘴露红舌的
青龙，龙曲身张足，卷尾，双翼后摆，雄健而有
气势。龙角、鬣、肘毛、爪和麟甲等都描绘的细
致而生动。龙上方绘一展翅飞翔的朱雀。

052

白虎图

十六国前燕
宽105、高62厘米
朝阳袁台子壁画墓出土
摹本现藏辽宁省博物馆

图像位于奉食图的下部。画白虎、朱雀，皆墨线构图。
白虎张嘴露齿，双目圆睁，昂首曲身扬尾，作奔腾
姿态。虎上方为一昂首、展翼的朱雀，作飞翔姿态。

053
朱雀图残块

十六国前燕
宽41.2、高29厘米
朝阳袁台子壁画墓出土
摹本现藏辽宁省博物馆

图像位于前额面，以黑色和红色线条为主，图画内容已不识。推测应是朱雀图的残片。

054
玄武图

十六国前燕
宽60.5、高39.5厘米
朝阳袁台子壁画墓出土
摹本现藏辽宁省博物馆

图像位于北壁龛上部。画面中龟为浅绿色，昂首俯卧，被长蛇缠绕。

055

056

055
牛车图

十六国前燕
宽50、高32厘米
朝阳袁台子壁画墓出土
摹本现藏辽宁省博物馆

图像位于东耳室东壁的南部。绘牛车一乘，黑轮辕，高篷，篷前有矮挡隔，篷两侧有高篷架，顶有飘带。车夫一人，黑帻，短衣，黑裤，黑鞋。

056
车骑图

十六国前燕
宽65、高42.5厘米
朝阳袁台子壁画墓出土
摹本现藏辽宁省博物馆

图像位于东壁壁龛上部。画面左上方绘一牛车，黄牛驾辕，车上高篷，前有门帘，上缀成排的泡饰。旁有车夫一人，黑帻，蓝色短衣，作牵牛姿态。牛车前方左右各有一人，均黑帻，短衣，长裤，黑鞋，骑于马上并列而行。车骑图与狩猎图，应是整幅连壁大作的出猎场面，象征主人出猎时前导后从的图景。

057
骑射图

十六国前燕
宽16、高27厘米
朝阳袁台子壁画墓出土
摹本现藏辽宁省博物馆

东壁的右上角白灰面脱落，从壁下淤土中清理出的残灰皮。绘一骑士，身背黑色箭囊，囊中装有三支箭，一手持弓，一手持箭。

058

狩猎图

十六国前燕
宽85.5、高58.5厘米
朝阳袁台子壁画墓出土
摹本现藏辽宁省博物馆

图像位于东壁前部。图中墓主人骑在昂首奔驰的黑马上，马鞍勒俱全，鞧及颈銮饰都很清晰。主人裹黑帻，身着方领、红袖口浅绿色短衣，束腰系带，黄色长裤，黑鞋。身背黑色箭囊，囊中装四支箭，箭尾端有黑羽、红缨。左手执弓，右手拉弦瞄准待射。马前方有群鹿、黄羊，正飞驰奔逃。马后一人，黑帻，方领，黄色短衣，黑裤，黑鞋，左手扬鞭催马。下方画起伏的山峦及树木，画法与魏晋时代的山水画风格一致。

059
骑射图

十六国前燕
宽50、高30.5厘米
朝阳袁台子壁画墓出土
摹本现藏辽宁省博物馆

东壁的右上角白灰面脱落，从壁下淤土中清理出绘有骑士画面的残灰皮。左边绘一骑黑马的骑士，身背箭囊，张弓欲射；右边绘树木和群山。

060
甲士骑马图

十六国前燕
宽43、高25.5厘米
朝阳袁台子壁画墓出土
摹本现藏辽宁省博物馆

图像位于南面额石上，整个额石白灰面已脱落。画面中有一马，首尾残，披甲，黑蹄。马背骑甲士一人，长裤，黑鞋，面目不清。

061

太阳图

十六国前燕
太阳直径19.5厘米，金乌长12、高8.7厘米
朝阳袁台子壁画墓出土
摹本现藏辽宁省博物馆

图像位于狩猎图的顶盖上。太阳涂朱，内有一只金乌，三足，长尾，作昂首展翅状。

062

月亮图

十六国前燕
宽51、高30厘米
朝阳袁台子壁画墓出土
摹本现藏辽宁省博物馆

图像位于太阳图东侧壁顶，狩猎图顶部。绘月宫内的景象，左侧绘玉兔，前肢上举，下肢直立。右侧绘金蟾，蟾人首，伸舌，上肢举起，下肢蹲踞。

063
马图

十六国前燕
宽22、高21厘米
朝阳袁台子壁画墓出土
摹本现藏辽宁省博物馆

图像位于东耳室东壁的北部。大部脱落，仅残存
红马一匹，鬃、尾、蹄均黑色，头部不存。

064
黑熊图

十六国前燕
存宽27、高17.5厘米
朝阳袁台子壁画墓出土
摹本现藏辽宁省博物馆

图像位于西壁奉食图上部垫石上，画面脱落。北
端仅存一黑熊，竖耳，张嘴露舌，前肢、掌上举，
下肢站立。黑熊直接用墨涂染而不加勾勒。

065
山羊图

十六国前燕
宽19、高28.5厘米
朝阳袁台子壁画墓出土
摹本现藏辽宁省博物馆

图像位于门额上。画面残缺，仅存一只山羊，作
行走状。

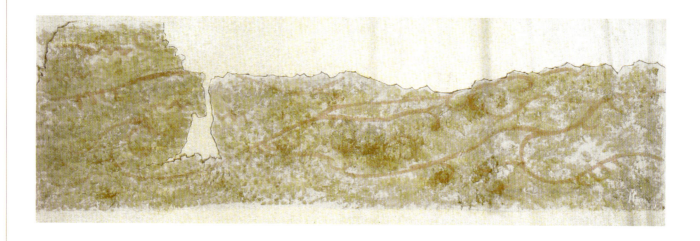

066
流云图

十六国前燕
宽123、高40厘米
朝阳袁台子壁画墓出土
摹本现藏辽宁省博物馆

图像位于墓顶。用红、蓝色绘云，点缀朱斑象征
星体，似流云飘行、群星闪烁的夜空景象。惜画
面脱落，已不甚清晰。

067
三角形图

十六国前燕
宽20.5、高26.5厘米
朝阳袁台子壁画墓出土
摹本现藏辽宁省博物馆

图案位于后室中柱面。残存画面为三个重叠的三
角形，下面为三条直线。似是表示山水图案。

彩画仙人图

十六国北燕
宽176.5、高114厘米
北票西官营子北燕冯素弗墓出土
摹本现藏辽宁省博物馆

绘于冯素弗木棺的前和，以一行垂直的亚腰形棺榫为中线，左右画有一些好像是相向的羽人。皆黑发髻，白色褒衣大袖，而领缘袖襕作黑色，袖里则作粉白色，长裙包膝，腋下生黄色牛角样的短小双翅，拱袖屈膝。面部敷粉而不见眉目。画幅的内容主要疑是表现飞仙接引。

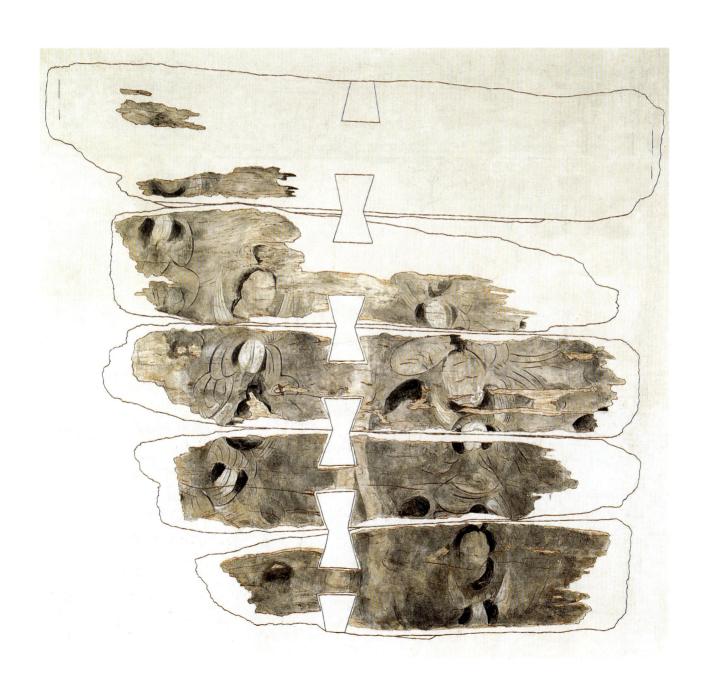

069
建筑物图

十六国北燕
宽176.5、高114厘米
北票西官营子北燕冯素弗墓出土
摹本现藏辽宁省博物馆

图像位于墓内石椁的西壁。一座高大
的门楼式建筑物，有两层檐，两层檐
下均有拱架，下层檐下的构架比较清
晰。下层角檐的斜脊之上，还有一个
动物，可看出一个类似兽爪的足，左
面似有敛垂的翼，蹲在脊上，面向外。
檐下左右两端各立两个侍女，四人都
穿缥青领的红襦，下着彩条裙。左端
两个侍女，前者臂部有物，似乎是捧
持杯盘。右端后面的侍女与此相同。
两对侍女之间，可见四只黑狗腾跃于
门柱之前，檐下亦见四只长尾的黑鸟。

甲骑具装

　　魏晋十六国时期地方政权割据、战乱频仍，重装骑兵开始出现，三燕的甲胄和马具，形成一套完整的甲骑具装，在诸多战争中发挥了作用。"甲骑具装"即人甲与马甲的合称。人甲包括铠甲、颈甲、铁兜鍪等，马甲包括马胄、铠等。朝阳十二台和北票喇嘛洞出土的甲骑具装实物，标志着三燕时期重装骑兵的出现，代表了鲜卑骑射文化发展的水平，在北方民族文化史和战争史上具有重要意义。作为中原与朝鲜半岛诸国文化交流的桥梁和纽带，这一时期三燕马具和甲骑具装经高句丽传入朝鲜半岛及日本列岛，对东亚地区的马具和甲胄系统产生了深远的影响。

武士装备
——盔甲、带具、兵器

　　人甲和马甲合一的甲骑具装，是古代重装骑兵的防护装具，从十六国到隋流行了 300 余年。以盔甲、带具、兵器构成的武士装备，使得驰骋疆场的武士更具神勇之力的同时也能够以更好的武装护卫自身。拥有着尖兵利器的武士加上全副武装的战马，构成了所向披靡的"重装骑兵"。慕容鲜卑从公元 3 世纪初迁居辽西，经过百余年的发展，由弱到强，直至 337 年建立前燕政权，装备有甲骑具装的重装骑兵起到了重要的作用。

001
铁兜鍪

十六国前燕
通高34、盔高23.5、颈甲高10.5厘米
北票南八家乡四家板村喇嘛洞墓地Ⅰ M5出土
辽宁省文物考古研究院藏

以条状铁甲叶铆接而成，正面中部甲片呈圭首状，由此甲叶向左右两侧叠压，额部五片甲叶的底缘均裁出对称的弧形缺口，顶部收拢处铆六钉，扣接一圆形甲片，正中再铆接一管状插座。

002
银帽顶

十六国前燕
直径2.6、高2.2厘米
朝阳十二台乡M1出土
朝阳博物馆藏

半圆形，周边有穿孔，正中有铜质管状插座。应是帽盔之类顶部的装饰。

003

鎏金铜带銙

十六国前燕
长6.4、宽3.5、厚0.6厘米
北票南八家乡四家板村喇嘛洞墓地出土
北票市博物馆藏

带銙的上部呈方形，中部有镂空卷叶形纹，左右
对称、四角及上下中部有铆钉铆合；下部垂挂镂
空桃形銙叶。器表均匀刻划短线纹。

004

鎏金镂空龙凤纹铜带饰

十六国前燕
宽6.6、高8.9厘米
朝阳县土废收购站回收，1973年9月出土于北票
章吉营子乡西沟村古墓
朝阳博物馆藏

上方下圆，中间有一小竖穿，上部线刻一只三尾
羽凤，下部线刻一行龙，两侧各刻一小凤，边缘
饰连续的忍冬纹。

005

五铢鎏金铜带具

西晋

带扣长6.4、宽6厘米

带銙长10.1、宽5.1厘米

铊尾长7.4、宽3.5厘米

朝阳十二台乡腰而营子砖厂M9001出土

朝阳博物馆藏

由带扣、带銙、五铢桃形饰及铊尾构成。扣作长方形，锥状舌，接带包片呈梯形，外端为锯齿状，有三个铆合铜钉固定。銙为条板状，两端向内折曲包合，有三个铆钉。铸的上部呈方形，上端边缘作锯齿状，镂空卷叶形纹，左右对称；下部垂挂镂空桃形铸叶。铊尾呈舌形，由上下两个铜片铆合在一起。

006

七铧鎏金铜带具

十六国前燕

带扣长7.8、宽2.5～2.9厘米

带铧长5.6、宽2.9～3.7厘米

朝阳县土废收购站回收，1973年9月出土于北票
章吉营子乡西沟村古墓

朝阳博物馆藏

由带扣、带铧组成。带扣前圆后方，里侧向内伸
出两个尖凸，卡舌和衔接革带的镂空折叶都固定
在后面的方形边框上。带铧上部方形，有两相背
的弧形镂孔，铧环心形。

007

鎏金镂空圆形铜饰件

十六国前燕
直径7～8、孔径0.9～1.2厘米
朝阳袁台子壁画墓出土
朝阳博物馆藏

3件。出自马鞍桥旁。形制、纹饰相同，大小递增。
圆形，微凸，中心有一大圆形穿孔，錾刻水波、莲叶、
莲瓣及缠枝牡丹图案。

008

鎏金镂空银带具

十六国前燕
带扣长9.4、宽4.8厘米
铊尾长7.9、宽2.3厘米
朝阳袁台子壁画墓出土
朝阳博物馆藏

2件。由带扣、铊尾构成。均作一端圆、一端方
的圭形，边框用银条合成，框内为镂空鎏金双龙
相戏纹图案的饰板，饰板下面附衬铜片，与银框
钉合。铊尾纹饰、工艺与带扣相同。

009

鎏金镂空铜带扣

十六国前燕

长21.7～21.9、折叶宽2.4～2.7、带头宽3厘米

北票南八家乡四家板村喇嘛洞出土

北票市博物馆藏

2件。形制相同，舌形卡环，后接条形折叶，折叶上镂刻三个凤纹，边缘加饰一道由水波纹和圆珠纹组成的纹饰。

010
银带扣

十六国前燕
长10.7、宽2.1厘米
朝阳袁台子壁画墓出土
朝阳博物馆藏

平面作圭形，折叶上用六个铆钉固定，扣针与扣
环连接处刻有符号"⋈"。

011
鎏金铜箭箙饰

十六国前燕
上宽24.4、下宽20.5、高18.1厘米
朝阳十二台乡砖厂88M1出土
朝阳博物馆藏

用薄铜片制成，是附贴在箭箙外侧的饰件，残存
有压印的菱形席纹。

012

鎏金镂空龙凤纹铜箭箙饰

十六国前燕
条形饰片长28.7、宽3.1厘米
山形饰片宽28、高22.3厘米
北票南八家乡四家板村喇嘛洞墓地出土
朝阳博物馆藏

铜片裁制。箭箙外廓为"山"字形，正面底部中心镂刻一条环状游龙，两侧各刻一凤，余皆为繁缛的龙纹。条形片饰中间镂刻一朵莲花，两侧刻对称凤纹，可能是箭箙口部的饰件。

箭箙，亦称"箭室""箭服"。古时用以盛放弓箭之具。《说文·竹部》："箙，弩矢箙也。从竹，服声。"《汉书·五行志下之上》："檿弧，桑弓也。其服，盖以其草为箭服，近射妖也。"颜师古注："檿，山桑之有点文者也。木弓曰弧。服，盛箭者，即今之步叉也。其草，似荻而细，织之为服也。"

013

环首铁刀

十六国前燕
长118、宽3.2、厚0.5厘米
北票大平房镇公皋村北山出土
朝阳县博物馆藏

刀身长且直，柄首圆环形。

014

铁鸣镝

十六国北燕
长7.8厘米
北票西官营子冯素弗墓出土
辽宁省博物馆藏

共出8件，现存3件。锻制。铁铸三翼形箭锋，翼作板状；三翼分张，三翼的中心上部为一尖锋，下部连圆柱形短铤，铤的下段套插入一段细杆，杆上贯一橄榄形骨哨，哨钻五斜孔。

战马
——马镫、鞍桥、衔镳、带具、杏叶等

马镫，尤其是双镫的应用，标志着骑乘用马具发展到了成熟阶段。目前发现的三燕文化的马镫，除北燕冯素弗墓双镫外，基本都与高鞍桥共出。高鞍桥是马鞍发展演变过程中的一个重要环节，东汉后期的所谓"镂衢鞍"或"金镂鞍"就是一种高鞍桥。三燕文化的高鞍桥和鞍座组合在一起，前后桥都垂直于鞍座，且后桥大于前桥，鞍桥多有鎏金或进行精雕细刻的镂孔金属包片。装备了改进的高鞍桥马鞍和马镫，才有可能使身披重铠的骑兵控御体披重铠的战马，才有可能组建以甲骑具装为主力的军队。马镫的发明是中国古代文明对世界文明的一项重要贡献。

015

鎏金铜马镫

十六国前燕
长29、镫环外径16.3、内径12.7、宽2、厚0.3厘米
朝阳袁台子M4出土
朝阳县博物馆藏

铸制。长柄，上端有一横长方形孔，以系革带。镫环椭圆形，踏脚处稍上凸。镫体厚度一致，素面无雕饰。

016

鎏金铜双马镫

西晋

通长29～29.5、柄宽3.9～4.5、镫环外径16.8～17、
内径12.6、厚0.7厘米

北票章吉营子乡北沟M8出土

朝阳博物馆藏

系三面包铜片的木芯镫，木芯皆朽不存，铜包片保
存完好。镫柄较长，踏孔椭圆，中间有尖凸。其一
还保存有完整的一圈带钉的外缘包片。镫环、镫柄
及外缘包片上均存有钉孔或铆钉。

017

鎏金铜马镫

十六国前燕
通长41、柄长14、宽4.5、镫环外径16、内径12.3、厚0.5厘米
朝阳十二台乡砖厂88M1出土
朝阳博物馆藏

长柄上宽下窄，柄端略残，有一长方形穿孔。镫环扁圆形，踏脚处正中略有凸起。

018

木芯钉鎏金铜片马镫

十六国北燕
长23、宽16.8厘米
北票西官营子北燕冯素弗墓出土
辽宁省博物馆藏

一副2件。木质镫芯，以桑木制成，先将木条加工成剖面呈截顶三角形，然后使其顶尖朝外揉拗成镫体的环，最后使两端上合成镫柄。圈环下侧踏足处较平，接镫柄的两侧弧拱较甚，故整个圈环全形略似等腰三角形。为了维持镫体不致受力变形，又在上合成镫柄的两侧木条接聚处下侧形成的三角空隙处，补填一个三角形木楔。在镫的外侧包钉鎏金铜片，以小钉钉牢，使马镫外观华美异常。在镫柄上方，开有系革的横长方形穿孔，将镫悬垂在鞍下。同时，镫圈内还附钉铁片，上涂黑漆，使其更牢固实用。此马镫制工精美，为十六国时期北燕的鎏金工艺品的代表作之一。

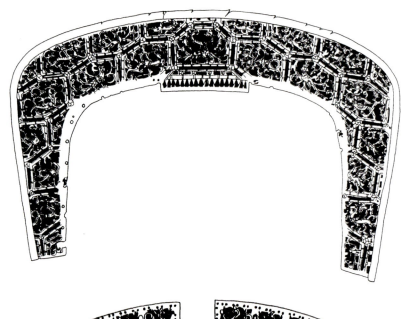

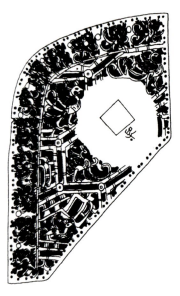 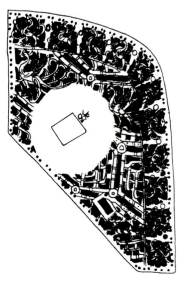

019

鎏金镂空铜鞍桥包片

前桥包片略小，宽31.8～45、高28.7厘米，两块
翼形片宽13.2、高19.8厘米

后桥包片略大，宽54～59、高32.5厘米，两块翼
形片宽13.8、高19.4厘米

朝阳十二台乡砖厂88M1出土

朝阳博物馆藏

完整，一副两片，每片又各有附接的翼形片两片，
均为包在前后木质鞍桥上的片饰，背面尚存朽木
质。两片包片的制作工艺及图案均同，其制法是
先在鞍桥包片正面用錾刻的楔形点连贯成线并形

成所绘的图案，然后将图案轮廓以外空地处镂空，
最后鎏金。整体图案以正中间的对凤纹为中心，
两侧纹饰作对称分布。主题图案为大小不等且以
条形镂孔相隔的连续六角形、五角形和不规则四
角形的龟背纹，其内再刻以龙、凤、怪兽、鹿、
人首凤身（羽人）等。每块包片外缘均扣接条槽
状包边，内缘中部镂锯齿纹，其左右两侧自转角
以下各对接一块大小相等、形制相同的翼形片。
两块翼形片上均镂刻由龟背纹和凤纹组成的复合
纹饰并分别带有方形、矩形或条形孔，孔外刻一字，
不识；边缘处则刻以连续凤鸟纹带，周边密布钉孔。

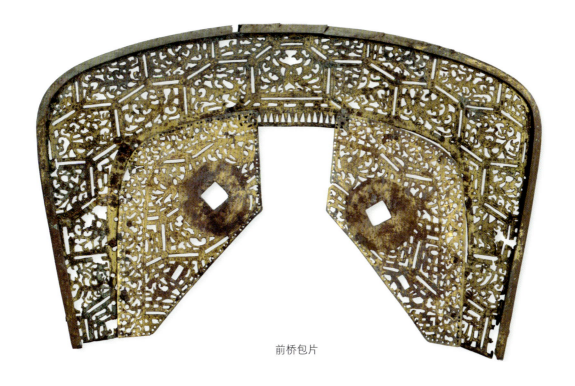

前桥包片

后桥包片

020

鎏金铜鞍桥包片

西晋
前桥宽43、高28厘米
后桥宽54、高27厘米
北票章吉营子乡北沟M8出土
朝阳博物馆藏

素面无纹，高鞍桥。

021

鎏金铜翼形片

十六国前燕
宽6.8、高12.5厘米
朝阳县土废收购站回收，1973年9月出土于北票
章吉营子乡西沟村古墓
朝阳博物馆藏

形状相同，方向相反。均用薄铜板制成，上形鸟首，中间有两竖穿。这类饰件在鞍桥内缘下方，作用一是缩小鞍桥内缘的空间，二是可以连接固定鞍的攀胸与马尻鞦带。

022

鎏金铜寄生

十六国前燕
宽11～27.8、高17.5厘米
北票南八家乡四家板村喇嘛洞村征集
辽宁省文物考古研究院藏

外框近扇形，底边较平直，两侧外弧，槽口处皆有两个一组的小孔，用以固定槽内的镂空扇面和系缀圆形摇叶。扇面为前后两片，均为竖向镂空的变形忍冬纹，共38枝，另有七行以银丝固定的圆形摇叶附缀在忍冬纹上，扇面上缘尚存一排镂空的杏叶。

寄生是中国古代一种很特别的马具，流行于东晋十六国到唐朝初年。寄生是甲骑具装的一部分，它置于马鞍末端，"扇面"立于马臀上方，以障藏骑乘者的背部，起到防止敌人从背后袭击的作用。

023
鎏金镂雕铜杏叶

十六国前燕
宽6.5、高10.3、厚0.5厘米
朝阳十二台乡砖厂88M1出土
朝阳博物馆藏

一面为心形素面鎏金铜片，周边均压有凸棱，上下左右用四个铆钉固定；一面为心形镂空铜片。杏叶上缘具横穿，穿钮中有一连接革带的折叶，折叶上铆四钉。

024
鎏金铜杏叶

十六国前燕
长12.7、宽5.7厘米
朝阳十二台乡砖厂88M1出土
朝阳博物馆藏

共出土10件。铜质鎏金，呈上窄下宽的圭形，略有束腰，上端平直，有横穿，内穿铜折叶与革带连接，并有三个加固的铆钉。

025
鎏金铜杏叶

十六国前燕
长10、宽6.1厘米
朝阳县土废收购站回收，1973年9月出土于北票章吉营子乡西沟村古墓
朝阳博物馆藏

上部方形，有一横穿，下部为圭形。在安阳孝民屯 M154、朝阳袁台子壁画墓等十六国前燕墓葬中都出有相同的杏叶，是挂在马后鞦带上的。

026

鎏金铜当卢

十六国前燕
宽4.5～14.3、高41、厚0.1厘米
朝阳十二台乡砖厂88M1出土
朝阳博物馆藏

铜片裁制。整体呈火炬形。上部边缘具三个尖凸，
其中顶缘正中铆一扁柱，上承仰置的半圆形铜泡，
泡底具二孔，应作置缨之用；下部作条柄状，中
间轧出一道竖棱，周边扎孔穿丝套管缀摇叶 28 片。
另有四个钉孔，似在马首上作固定之用。

027

摇叶饰铜当卢

西晋
宽14、高41.9厘米
北票章吉营子乡北沟M8出土
朝阳博物馆藏

形似倒置的琵琶形，上部顶端铆一短柱，顶端向
两侧分开，似可作置缨之用；下部条片中起脊，
当卢周边穿孔用铜丝套管缀摇叶。

028

鎏金镂空铜镳

十六国前燕

宽8.3、高14.5厘米

朝阳县土废收购站回收，1973年9月出土于北票
章吉营子乡西沟村古墓

朝阳博物馆藏

一副 2 件，形制相同。外轮廓似侈口鼓腹圜底罐
形，中间有一竖穿，饰团龙纹，上部有一横穿，
内置铜折叶，折叶呈相连的花朵状，在花芯用铆
钉固定，钉帽作花蕊状。其一折叶内尚残存皮革，
是马首连接笼头所用。

马镳是马具中重要组成部分，用于驭马，是最早
产生的马具。镳的形制多样，三燕文化的马镳多
为板状圆形或椭圆形。魏晋十六国时期，除三燕
文化遗存外，很少发现有马镳。

029

十字形鎏金铜镳

十六国前燕
宽11、高9.3厘米
朝阳十二台乡砖厂88M1出土
朝阳博物馆藏

一副2件。外轮廓十字形，似四花瓣，正面周边起一周凸棱，上侧顶部平直，有一横穿，用于和辔头相连；中部有一竖穿，穿中间铆一横梁，以固定马衔与连接缰绳的引手，引手铜质，呈"U"形，开口处原有铁质横轴，已锈蚀无存。

030

鎏金铜銮镳

十六国前燕
长14.4、直径1.8～2.3厘米
北票南八家乡四家板村喇嘛洞村征集
北票市博物馆藏

一副2件。两端为球状铃，内有圆形舌，两铃之间以一略曲的六棱体铜条相连，中间凸出一穿。通体鎏金。

031

鎏金铜缀泡套管摇叶

十六国前燕
直径5.3、叶长6.5厘米
朝阳十二台乡砖厂88M1出土
朝阳博物馆藏

由摇叶、穿条、套管、帽形泡构成。摇叶底边有穿孔，穿条穿过摇叶后折回，通过套管穿过帽形泡，再将穿条向侧弯出，以备固定在革带上使用。摇叶上模压对凤纹。这种摇叶是立于马后鞦带上的。

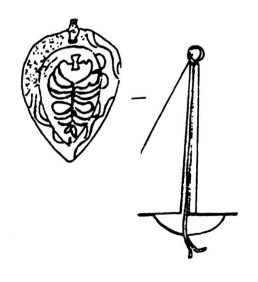

032

鎏金铜缀泡套管摇叶

十六国前燕

有叶：泡径4.6～5.4、叶径3.1～3.6、十字梁架宽
5.4、通高12.4厘米

无叶：泡径4.7～5.2、十字梁架宽4.4、通高9.9厘米

北票南八家乡四家板村喇嘛洞村征集

北票市博物馆藏

由伞状泡底座、穿条、摇叶构成。以双股穿条折成"十"
字形，左右两端各挂一枚摇叶，摇叶有脱落，穿条
下端穿过套管连于伞状泡底座。

033

鎏金铜缀泡摇叶

十六国前燕

有叶：泡径5～5.3、叶长3.5、叶宽3.2～3、通高
5.3～5.9厘米

无叶：泡径2.7、2.8、3、3.5厘米，通高2.9、3、
3.3、4厘米

北票南八家乡四家板村喇嘛洞村征集

北票市博物馆藏

由伞状泡底座、穿条、摇叶构成。以双股穿条对折，
顶端留出挂环，挂一枚摇叶，摇叶有脱落，穿条
下端连于伞状泡底座。另一种无摇叶的缀泡，穿
条顶端为蘑菇形，无扭环。

034

鎏金铜节约

宽7.8、高9.8、叶长4.8、叶宽3.9厘米

北票南八家乡四家板村喇嘛洞墓地ⅠM21出土

辽宁省文物考古研究院藏

由"十"字形节约、穿条、套管和摇叶构成。节约的泡状凸面上铸有半浮雕式盘龙纹，周边出沿并具四个穿鼻，双股穿条经过套管自节约凸面中孔穿入，再将穿条分向两侧弯折以固定在鞴带上，套管顶端挂摇叶。

035

帽形双孔金泡

十六国前燕

直径3.1、高0.3厘米

朝阳十二台乡砖厂出土

朝阳博物馆藏

圆帽形，顶部有双孔。

036

帽形双孔金泡

十六国前燕
直径3.3厘米
朝阳木营子西团山出土
朝阳博物馆藏

圆帽形，顶部有双孔。

037

"大吉利""宜牛马"铭铜铃

东晋十六国
宽3.7、高4.3厘米
朝阳县土废收购站回收，1973年9月出土于北票
章吉营子乡西沟村古墓
朝阳博物馆藏

形似甬钟，具半环形钮，底为扁圆形钟口，钟体
两面分别铸有"大吉利""宜牛马"阳文铭文，铭
文两侧有凸起的边框和网格纹。

融合之路

　　十六国时期，慕容鲜卑成为主宰辽海地区局势的主导力量，棘城、龙城相继成为辽海地区的政治、经济、文化中心，直至唐"安史之乱"止。

　　以汉文化为主导，多元文化因素共存、交流、融合，是以龙城为中心的十六国至隋唐时期辽西地区文化的一个显著特征。汉文化的主导作用主要体现在中原的典章制度、文化教育、思想道德观念及信仰，以及文字书法、绘画、工艺技术等在辽西地区的广泛应用与传播。三燕文化是多元文化融合的结果，并且对北朝隋唐时期，乃至朝鲜半岛和日本列岛古坟时代的文化都产生了重要的影响。

儒 学

　　294 年慕容廆移居大棘城，开始定居下来，始有"东庠"之设，教学内容以儒家经典为主。慕容皝亲编《太上章》，用以代替汉代的识字课本《急就篇》。迁都龙城不久，慕容皝即将旧宫辟为学校，亲临东庠考试学生，大批的人才都随之聚集到龙城。北燕冯跋励精图治，下诏在龙城"营建太学"和"国子学"，教学儒家经典。

001

青石砚

十六国北燕
长26.8、宽23.7、高7.8厘米
北票西官营子北燕冯素弗墓出土
辽宁省博物馆藏

蛋青色砂岩质。长方形，四足，在砚面的不同位置雕出长方形砚池、方形墨床、耳杯形水池和笔榻，榻上刻出笔槽，笔锋向上，笔尾出一分叉。砚侧线雕水涛纹。

002
陶熨斗

十六国北燕
通长18、口径8.1、高2.8厘米
朝阳大平房壁画墓出土
朝阳县博物馆藏

泥质灰陶，胎质较细。平口，方唇，浅腹，平底，直柄，断面呈锥形。

003
铜熨斗

十六国北燕
通长30.2厘米，盘外沿口径13、盘高4.3厘米
北票西官营子北燕冯素弗墓出土
辽宁省博物馆藏

铸制。长柄圆斗，较为厚重。长柄斜直向上，柄端较斗口高出，以便执以熨衣。柄的断面为半圆形，柄背作弧形。斗口宽平而外口向上略斜。口唇甚厚。斗底平而略圆。斗壁、底皆厚，可使炭火的温度缓慢升高，不致熨衣致焦。斗深，得容炭火，又免炭灰外飞。

冯素弗墓还出土一件类似器物，形近熨斗，出土时盘内有黑色油垢及线缕等燃料残迹，盘底薄仅1毫米，如盘内蒸炭则导热甚快，着衣易焦，不适于熨衣，推测应为行灯。

004

铜熨人

魏晋

底径27、高54.9厘米

传朝阳地区出土，1976年铁岭地区有色金属熔炼厂拣选

辽宁省博物馆藏

通体作喇叭状，底座球冠形，上有高柱、瘦长体，铸有兽状柱头，柱身有一孔可插放器物。"熨人"是放熨斗的架子，柱孔即以插置熨斗的长柄，也可插置长柄的行灯。

唐·王建《宫词》之三六："每夜停灯熨御衣，银熏笼底火霏霏。"从古人诗词中所反映的生活场景看，熨衣之事与燃灯常常是相关不可分的，"停灯熨衣"之事，更明确地描述了灯具与熨斗一举两用的场景。冯素弗墓的铜熨斗出土时盘内有黑色油垢及线缕残迹，当是燃烧过的灯的油捻，可以确定熨斗亦可作为灯具使用。考古出土的魏晋时期的器物中，有一种承托熨斗或灯盏器物座——熨人，晋《东宫旧事》记载皇太子纳妃有金涂熨人。

龍城春秋

三燕文化考古成果展

005

承盘式龙首长柄三足铜灯

十六国前燕
通长25.7、口径10、底径12、高7.6厘米
朝阳单家店后杖子出土
朝阳博物馆藏

承盘圆形，平底，浅腹；灯盘圆形，三足，一足
上连曲柄，龙首形柄首。柄首的造型与三燕文化
铜魁、铜𤏶斗等柄首的造型相似。

006

鎏金鸟首铜带钩

十六国前燕
长5.9、宽1.3厘米
朝阳袁台子壁画墓出土
朝阳博物馆藏

琵琶形，圆钮，通体鎏金。钩体中间有凸起，首、
颈、身、尾相连，钩首折曲呈鸟首状。

铁镜

十六国北燕
直径27、钮径5.7、钮高1.8厘米
北票西官营子北燕冯素弗墓出土
辽宁省博物馆藏

圆形，扁圆钮，钮周围饰柿蒂纹。从锈蚀残存的刻沟里可见金质，原应有错金，镜背锈蚀处尚存丝织物痕迹。铁锈覆盖处有铭文"□□子□"，应为"长宜子孙"四字。

中国古代的铁镜最早出现在西汉中晚期，流行于东汉中晚期至魏晋时期。铁镜在特定的历史条件下曾是贵族阶层的物品，用于赏赐乃至死后随葬。《西京杂记》记载战国魏哀王冢"有铁镜数百枚"，《上杂物疏》中提到皇太子御用的是纯银错七寸铁镜，贵人至公主用九寸铁镜，镜上没有金银错工艺。辽宁地区出土的汉魏晋时期铁镜数量较多，随葬时多用丝织物包裹，见有卷云纹及错金工艺，反映了文化交融的社会背景。

008

乳丁纹虎钮"大吉利"铜钟

东晋

宽16.3、厚11.2、高27.5厘米

朝阳十二台乡腰而营子村征集

朝阳博物馆藏

范铸。扁筒形，平顶，上置一虎形钮，下口内弧。钟体两面中间分别为篆书铭文"长宜子孙""大吉利"，铭文两侧饰五层长方形格，每格内有三枚乳丁纹。

009

"位至三公"铭铜镜

西晋
直径15厘米
北票章吉营子乡三燕文化墓葬出土
朝阳博物馆藏

圆形圆钮，钮座周围有"位至三公"铭文，铭文
间饰长圆形纹饰，其外依次为两周短斜线纹带、
一周七乳七虺纹带，近缘处一周三角锯齿纹带，
三角镜缘。

010
骨笄

十六国北燕
长16、最大直径0.7厘米
北票西官营子北燕冯素弗墓出土
辽宁省博物馆藏

圆体长身，磨制工细，上端圆头，下端稍尖。笄
身上段雕螭首，粗眉深目，顶上一独角，螭口大张，
宽肥的长舌伸出口外，皆贴笄身雕刻，工细光洁。

011
石璧

十六国前燕
直径2.7、厚0.5厘米
北票大板镇仓粮窖墓出土
北票市博物馆藏

以滑石片磨制，呈黄绿色。圆形，中间有穿孔。

官　印

慕容鲜卑从慕容廆始，逐渐建立起一套官爵体系和相关制度。印制即是接受汉晋官制的反映，前燕"奉车都尉"银印，北燕冯素弗四枚印章，说明这种以材质划分品级的官印制度由汉经魏晋直至前燕、后燕以至北燕都相沿未改，随葬明器印是中原丧葬文化的特点之一。

012

"范阳公章"龟钮金印

十六国北燕
印面长2.27、宽2.35、通高1.9厘米，重100克
北票西官营子北燕冯素弗墓出土
辽宁省博物馆藏

金质，色澄黄光亮。方座，龟钮。龟口目均具，腹下中空，龟背中间刻小圆圈纹带，两边分刻双线连接的圆圈六个和七个，象征南斗、北斗星座，龟背周边刻不规则的连弧纹，龟的四足还刻划出足爪纹样，印面錾刻篆书阴文"范阳公章"两行四字，字外有方形边栏。由于此印和另外三枚印章的出土，得以确认本墓主人为北燕宰相冯素弗（？～415年）。

冯素弗，北燕皇帝冯跋之弟，助兄建立北燕政权，封范阳公，拜侍中、车骑大将军、录尚书事，后改封辽西公，任大司马职，治理北燕，居功厥伟。卒于北燕太平七年（415年），及葬，燕王冯跋七临之，哭之哀恸。

013

"大司马章" 龟钮鎏金铜印

十六国北燕
印面长2.46、宽2.22、通高2.75厘米
北票西官营子北燕冯素弗墓出土
辽宁省博物馆藏

铜铸鎏金。龟钮。龟仅具外形，而无细部雕刻纹饰，印面系单刀刻划篆书阴文"大司马章"两行四字，字体亦显疏谬，系为死者殉葬所用明器印。

014

"辽西公章" 龟钮鎏金铜印

十六国北燕
印面长2.46、宽2.22、通高2.75厘米
北票西官营子北燕冯素弗墓出土
辽宁省博物馆藏

铜铸鎏金。印体呈长方形，龟钮。龟体仅具外形，无细部纹线装饰。印面系单刀划刻篆书阴文"辽西公章"两行四字，周边划刻边线，印文刻划极为细浅，字体亦不规整，故此印应系专为墓主人殉葬所制之明器印。

015

"车骑大将军章" 龟钮鎏金铜印

十六国北燕
印面长2.46、宽2.22、通高2.75厘米
北票西官营子北燕冯素弗墓出土
辽宁省博物馆藏

铜铸鎏金。龟钮，龟仅具外形，无细部纹饰。印面以单刀划刻篆书阴文"车骑大将军章"三行六字，刻痕细浅字体亦显疏谬，此印应系为墓主人殉葬用之明器印。

016

"奉车都尉" 龟钮银印

十六国前燕
印面长2.3、宽2.3、通高3.2厘米
朝阳他拉皋乡菠榛沟村前燕奉车都尉墓出土
朝阳博物馆藏

银质。龟钮方座。龟首上翘，其嘴、鼻、眼俱全，背上阴刻均匀细密的划线，肩部饰有圆珠纹，印面阴刻篆体"奉车都尉"四字。

按《汉书》卷十九《百官公卿表上》："奉车都尉掌御乘舆车……秩比二千石""凡吏秩比二千石以上，皆银印青绶"，颜师古注"汉旧仪云银印背龟钮"。此印印文字体工整，制作精良，非急就而成，银质龟钮，符合汉制，当系实用的官印。

《晋书》卷一百十一《慕容暐载记》记载"时（慕容）暐境内多水旱，慕容恪、慕容评并稽首归政，请逊位还第"，并"谨送太宰、大司马、太傅、司徒章绶，惟垂昭许"。可见前燕时期，按汉制职官罢免迁死均是要收缴其印绶的，不能用实用官印随葬，如北燕冯素弗墓中随葬的四方印章中，辽西公章、车骑大将军章、大司马章字体刻痕细浅疏谬，字体亦不规整，应系专为墓主人殉葬所制之明器印。"奉车都尉"银印系实用官印随葬，原因尚待探索。

017
"骑督之印"龟钮鎏金铜印

十六国前燕
长2.9、宽1.9厘米，印面长2.5、宽2.4厘米，通高
2.5厘米
北票市博物馆藏

铜质鎏金。龟钮方座。龟首上翘，其嘴、鼻、眼
俱全，背上阴刻均匀细密的划线，肩部饰有圆珠纹，
印面篆书阴文"骑督之印"。骑督，晋骑兵军事职
官名称，《通典》载，骑督，牙门将，位第五品。

018
"殿中都尉"龟钮鎏金铜印

十六国前燕
长2.4、宽1.8厘米，印面长2.3、宽2.3厘米，
通高2.5厘米
北票马友营乡下杨杖子石椁墓出土
北票市博物馆藏

铜质鎏金。龟钮方座。印面篆书阴文"殿中
都尉"。

文 字

　　魏晋十六国时期活动于辽西地区的慕容鲜卑等都没有本民族的文字，辽西地区这一时期通行的文字是汉字。目前掌握的这一时期文字资料均为考古所得，有印章、陶瓦文、铜器铭刻、砖石墓表、壁画题记五类，普通工匠所刻之"甫车"、瓦背所刻"令使"、前燕的袁台子壁画墓墨书题记、前燕的铜器铭刻与更晚些的后燕崔遹墓表都为隶书，东晋初年的李廆墓表则是楷书写法为主，而北燕工匠在陶瓮上的刻款都是行书。可见三燕时期辽西地区也是篆、隶、楷、行诸体并行，而且不晚于东晋初年，新体的楷书就已经在辽西地区流行了。

019

"令使"铭陶片

十六国前燕
宽13.4、高4.3~10.7、厚1.6厘米
北票金岭寺建筑遗址出土
辽宁省文物考古研究院藏

隶书"令使"，见于一件残筒瓦背上，以金属或坚硬的竹木器在未入窑烧制前的陶坯上随意所刻。因以刀代笔，故撇、捺头尾多尖细，没有顿按，点画重按，结体近方。横长，撇、捺舒展。该建筑址为前燕时的遗存。

020

李廆墓表拓片

东晋
长32.5、宽15、厚5厘米
锦州凌河区海锦大厦工地古墓出土
原件现藏锦州市博物馆

在一整块绳纹砖上刻楷书"燕国蓟李廆永昌三年正月廿六日亡"三行15字。永昌三年当是东晋明帝太宁二年（324年）。东晋元帝永昌年号只有二年，不存在永昌三年。323年，即是永昌二年，又是明帝太宁元年。因此，所谓的"永昌三年"，就是太宁二年（324年）。年号的混乱，说明当时慕容廆时期奉晋朔，不知东晋年号已更换，仍用"永昌"年号纪年。

021

崔遹墓表拓片

十六国后燕
左：长58、宽55、厚10厘米
右：长55、宽62、厚6.5厘米
朝阳十二台乡姚金沟崔遹墓出土
原件现藏朝阳博物馆

墓表均竖刻隶书，一为"燕建兴十年昌黎太守清河武城崔遹"三行15字，一为"燕建兴十年昌黎太守清河东武城崔遹"三行16字。后燕建兴十年为395年。

据《魏书》及《北史》里的《崔逞传》记载："遹为逞兄，字宁祖，亦有名于时。为慕容垂尚书左丞，范阳、昌黎二郡太守。"

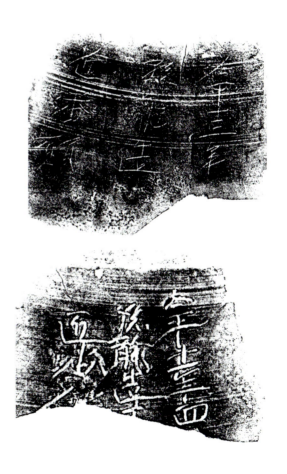

022

陶瓦文拓片

十六国北燕
朝阳北大街出土
原件现藏辽宁省文物考古研究院

行书"太平十三年孙龙造匠潘愿"，见于一件陶瓮肩上，系烧制后所刻，字迹潦草生硬，笔画纤细无变化，多连属。行书"太平十一年四□孙龙造□匠□□"，见于一件陶瓮肩上，系烧制前用较钝的竹木器所刻，因此笔画较粗，多连属。"太平"为十六国北燕冯跋在位时的年号（409～430年）。

四

金步摇

　　金步摇是慕容鲜卑特有的一种冠饰，是以花树状枝干上缠绕桃形金叶形成，不同于中国古代妇女使用的一种名为"步摇"的发饰。这种金属摇叶装饰源于西亚，是通过草原丝绸之路随慕容鲜卑南下传入，流行于辽西地区，成为三燕文化的显著特征。并经辽东半岛东传，朝鲜半岛三国时期的皇南大冢北坟、瑞凤冢、金冠冢均出土了金质步摇冠，日本藤之木古坟出土缀有摇叶的鎏金铜冠。

023

金步摇冠

十六国北燕
梁架宽1、高29厘米，重89克
北票西官营子北燕冯素弗墓出土
辽宁省博物馆藏

　　金质。由顶花和笼冠的梁架构成。顶花六枝，每枝绕出三环，每环穿一金叶（步摇叶）。枝干铆在一钵形座上，下面穿过一空体扁球，连于笼冠的梁架上。梁架为两条窄金片作十字交叉，四端都弯而下垂，以笼覆于冠上。沿金片的两边各有一排小孔，原也应穿缀步摇金叶，金叶已缺失。作十字交叉的金片一面较短，当是位于冠的前面，以备安放冠"题"（即帽正）。这种花饰随行步而摇颤，故名"步摇"，戴有这种花饰的冠即"步摇冠"，是两晋十六国时期鲜卑等北方民族的一种贵族用冠。

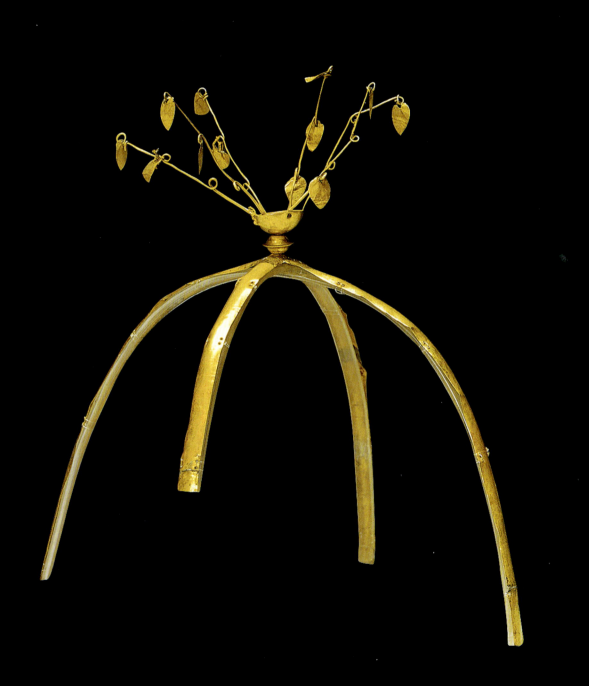

024

金步摇冠

十六国前燕
高20.5厘米，重55.5克
朝阳十二台乡王子坟山M4出土
朝阳县博物馆藏

金质，将宽1.4厘米的三条长条形金片锤制成呈
"T"形排列的半圆球状，其中两侧金片分别长
13、14.5厘米，中部一片长16厘米。三条金片两

侧均匀钻孔，孔内绕金丝，上缀圆形叶片。半圆
球形顶部有一由两半圆泡合扣在一起的空心球体，
泡沿钻四孔，孔内缠绕有一圆形金叶的金丝，现
仅存二丝叶。空心球体上部固定一顶花，顶花基
部呈盏形，盏沿分出八株花枝，每枝中部和顶端
各绕一环，中部环内穿一圆形金叶，顶环内缀一
桑叶形金叶，其中一枝已残，仅存中部一叶。

O25

花树状金步摇饰

西晋

左：通高14.5厘米

右：通高27.3厘米

北票徐四花营子乡房身村M2出土

辽宁省博物馆藏

2件。两者外形、装饰基本相同。金质。形状如一株枝叶繁茂的花树。基部呈长方形，中间突起一脊，两侧为镂空云纹，周边满布针孔，大者基部长5.2、宽4.5厘米，小者基部长4、宽3.5厘米。基本上为短而宽的树干，大者分出三主枝，共出十六分枝；小者十一分枝，枝身缠绕为环，上穿桃形金叶，随风摇颤。这两件金饰是两晋十六国时期鲜卑等北方民族的一种贵族冠用饰品即步摇。

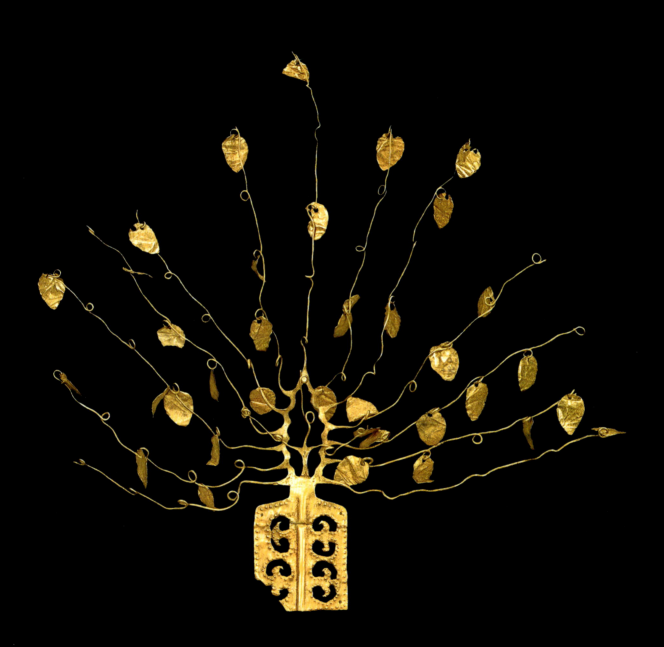

026

花树状金步摇饰

十六国前燕
宽19、高17厘米，重34克
朝阳木营子西团山出土
朝阳博物馆藏

金质。素面。整体呈扇形，基部为近似长方形的金片，一面有竖凹沟，另一面形成相应的竖凸脊。

金片四角各钻两孔，上端两角孔内各穿一金枝，其中一角少一金枝，每条金枝各绕四环，每环缀一桃形金叶。下端两角的钻孔用于将花饰固定于冠上。长方形基部上连一中间镂空的塔形金片，其边缘分九条金枝，其中两小短枝各绕一环，其余每枝各绕四环，环上分别缀有一桃形金叶。这种花饰分枝缀叶，稍经晃动，枝叶摇颤。

027

花树状金步摇饰

十六国前燕

底宽4.5、残高20厘米

朝阳西营子乡仇家店出土

朝阳县博物馆藏

以一金片制成，分基部和枝叶两部分，基部呈长方形，中部有竖条状凸起，脊部饰锥点纹，两侧各透雕一忍冬，忍冬边界及基部周边均饰锥点纹。枝叶部分，中部镂空，底连一枝，已残。两侧各有五分枝，顶部一分枝，每枝金丝拧环缀摇叶。

028

花树状金步摇饰

西晋

宽8、高8.6厘米

朝阳十二台乡砖厂出土

朝阳博物馆藏

以一金片制成，分基部和枝叶两部分，基部呈长方形，中部有竖条状凸起，脊部饰锥点纹，两侧各透雕一忍冬，忍冬边界及基部周边均饰锥点纹。枝叶部分，中部镂空两侧共有五分枝，每枝金丝拧环缀摇叶。

029

金步摇饰

西晋
宽10、高11厘米
北票徐四花营子乡房身村墓地出土
朝阳博物馆藏

2件。形制相似，分基部和枝叶两部分，基部呈兽首形，有凸起的长鼻、面额，上部有向两侧伸出的双耳，底部长鼻下向两侧外延似兽首的吻部。面部中间双目成穿，枝叶的干部从双目中穿过，向上分出六至七枝，每枝拧丝绕环，穿摇叶，摇叶脱落仅存一叶。这两件步摇的做法与内蒙古自治区乌盟达茂旗出土的牛头步摇相似。

030

金钗

十六国前燕
长8、钗针间距3.3厘米
北票南八家乡四家板村喇嘛洞墓地ⅡM266出土
辽宁省文物考古研究院藏

以 0.35 ~ 1.6 厘米宽的金片条对折成"U"形，
其弯折部较宽，尖部作圭首状。

031

金耳坠饰

十六国前燕
通长7.1、环径2.5厘米，摇叶长0.6、宽0.3厘米
北票南八家乡四家板村喇嘛洞墓地出土
辽宁省文物考古研究院藏

由耳环和两个衔有摇叶的金泡组成。耳环用金管
弯制而成，环形，两端闭合。耳环下连接短链，
链下再连接上下两层金泡。上层金泡为圆形平顶，
近金泡的底边有九个圆形穿孔，孔内衔小链和一
枚摇叶。下层金泡形状与上层的相似，规格略大，
衔有十一枚摇叶。残缺四枚摇叶。

032

金耳坠饰

十六国前燕
通长8.2 ~ 8.7、宽2.2 ~ 3、叶长1 ~ 1.9、宽0.5 ~ 0.9
厘米
北票南八家乡四家板村喇嘛洞墓地ⅠM17出土
辽宁省文物考古研究院藏

一副2件。以金丝拧成坠架，分上、中、下三层，
每层枝杈末端拧环各衔一圭形摇叶，最下层中间
下延一枝，穿玛瑙珠一颗。

金珰

　　金珰，原属胡服，传入中原后成为汉晋以来高级官吏特用的冠前饰物，是一种等级的徽识。考古发现的有方形金珰，珰面多缀以金叶；山形金珰，珰面常附蝉纹为饰，个别有双鸟纹、佛像纹。帝王的冠冕、菩萨的冠前亦见饰有蝉纹金珰。这种装饰品体现了中原文化、佛教文化与鲜卑系统文化的交汇融合过程。

033
方形金珰

十六国前燕
长8.9、宽8.9厘米
朝阳田草沟M1出土
朝阳县博物馆藏

正方形。在由边框和对角线所构成的四个三角区
内两两对称镂出变形龙凤图案，边框和对角线上
皆饰有两行粟粒纹，四角各具两个针孔。

034

透雕龙凤纹金珰

西晋

上：长9、宽9厘米

下：长7.7、宽7.5厘米

北票徐四花营子乡房身村M2出土

辽宁省博物馆藏

2件。皆金质。方形薄片，方形内两对角线垂直

交叉，将方形均匀地分成四部分，大者镂空透雕

四凤，小者镂空透雕两龙两凤，四周边框及内十

字边上均有钻孔，上系花叶状小圆金片即步摇叶

035

蝉纹金珰

十六国北燕
宽6.6、高7厘米，重20克
北票西官营子北燕冯素弗墓出土
辽宁省博物馆藏

状如"山"字形，为一种冠前的帽正，即"题"，正面以细金丝盘曲为纹，沿金丝的两侧又附金粟为饰。主体图案为一小首大身之物，旁有双翅，眼窝上缀灰石珠作目，意为蝉的形象。图案的空隙处镂切出孔，背后复加一同大的素面金箔作为衬垫，缝连一起。这种饰片可能是高级官员中加有"侍中"名衔者戴用的，即"金珰"，加蝉纹即所谓"金珰附蝉"。

蝉纹金珰，是汉晋以来高级官吏特用的冠前饰物。据《宛委余篇》云："金取其刚，蝉居高饮清，貂内劲悍而外柔。"蝉在古代被认为是"居高食洁""清虚识变"的象征，佩戴者是以蝉纹表达自己高尚的德操。

036
蝉纹金珰

东晋
上宽5.2、下宽4.5、高5.5厘米
南京仙鹤观东晋丹杨尹、光禄大夫高悝夫妇合葬墓出土
南京市博物总馆藏

顶部起尖，圆肩，底平。中间饰镂空蝉纹，边饰锯齿纹。周身用细小金粟粒焊接而成，蝉眼内镶饰已脱落。背部边缘有一周锯齿形卡扣。制作精致，为不可多得的艺术精品。

037
蝉纹金珰

东晋
宽4.2、高4.35厘米
南京郭家山温氏家族墓M12出土
南京市博物总馆藏

尖首、弧肩、斜边、平底，背面以齿形卡扣包薄金片及铜片，焊接粟状小金粒，间以几何形镂孔。铜片中部有一圆形穿孔。饰蝉形，头、腹、翼镂空。

M12为温峤次子、新建县侯温式之及其夫人荀氏合葬墓，温式之墓志所记年代为太和六年（371年），为东晋中期。

038

山形金珰衬片

十六国前燕
上宽4.2、下宽3.7、高5.6厘米
朝阳十二台乡腰而营子砖厂M2出土
朝阳县博物馆藏

金珰呈"山"形，上宽下窄，沿金珰外边饰两周锥点纹，金珰锤鍱均匀，颜色金黄，应是蝉纹金珰的衬片。

039

半圆形金牌饰

十六国前燕
长12.7、宽8.55厘米
朝阳田草沟M1出土
朝阳县博物馆藏

以两块半圆形金片对扣再铆合边缝而成，其直边两端交角处各留一孔。正面中部为近半圆形框额，长5.3、宽3.2厘米，框内嵌物不存。框额周围以锤鍱和镂空手法表现具有立体效果的枝蔓状纹络，似为变形长尾凤和行龙纹。在凸起的纹络、框额和牌饰边缘上皆贴焊有一至两道金丝，金丝两侧再排列细密的金珠颗粒；另在牌饰边缘和纹络上分布有月牙形、液滴形和菱形小嵌框十六个，其中有的尚嵌有玉石。牌饰背面分布铆钉十四个。

040

新月形金牌饰

十六国前燕
长14.1、宽3.2厘米
朝阳十二台乡砖厂王子坟山M6出土
朝阳县博物馆藏

金片制成月牙形，边缘饰锥刺纹两周，中间饰锥
刺纹三道，纹饰之间饰"之"字形锥刺纹，两端
各钻两个穿孔。

041

凤纹嵌玉新月形金牌饰

西晋

长14、宽5厘米，重32.5克

北票徐四花营子乡房身村M2出土

辽宁省博物馆藏

片状，呈月牙形。中心嵌一长方形青玉石片，嵌法为正面包住玉片的四缘，背面加金片作底衬，四角穿钉铆住。玉片的两侧镂刻相对的飞凤纹，线条流畅。周边起联珠纹，突大如乳，共十八个，每个乳丁上均密布细小孔眼。月牙形两端各有四孔，似穿线后悬项作饰，或钉在某种织物上作衣饰。

042

嵌玉新月形金牌饰

西晋

长11.4、宽3.5厘米

北票徐四花营子乡房身村出土

朝阳博物馆藏

片状，呈月牙形。中心嵌一弧形玉石，玉石外缘用金片包合固定，并用金线与新月形片缝合。两端各有一圆形穿孔，作钉缀之用。

仪 仗

三燕文化的墓葬中，出土一种首部弯曲如钩，中空直柄的铜杆首，一是用于车上建旗，前燕慕容皝时期已开始乘金根车，是车上插旗杆及悬挂旗幡的杆首。二是用于仪仗，如《东宫旧事》云："太子纳妃，有丝布碧里步障三十，漆竿，铜钩。"还有一种是墓内设奠的帷帐遗存，有相应的帷帐构件、帐础等。这些都体现了慕容鲜卑对汉文化卤簿仪仗及葬仪的承继。

043

鎏金铜镦

十六国北燕

口径2.2、底径2、高3.5厘米

北票西官营子北燕冯素弗墓出土

辽宁省博物馆藏

3件，尺寸相差甚微。铸制。器形为直壁式小圆筒，平底。为仪仗杆足外的护件，口径略如铜杆头之鎏径。发现时镦内存木质杆足一段，木质较硬而密，杆足周围缠麻缕，为装镦塞实之用。

044

鎏金螭首铜杆头

十六国北燕
一类宽12～15.3、高16.5～16.9厘米
另一类宽9.9、高18.1厘米
北票西官营子北燕冯素弗墓出土
冯素弗墓M1共出土6件，分别收藏于辽宁省博
物馆、朝阳博物馆

仪仗长杆的杆头饰件，器形如钩，下端铸出圆銎

以插长杆，上端渐细，弯转垂下，垂下的前端铸出
龙首。一类龙首独角后伸较长，紧贴于杆身，龙吻
向下伸长，垂圆柱状长舌，舌尖向前，横向扩展成
为一个小圆饼样扁盘，盘心铣出一孔。一类龙首铸
作较精，造型如浮雕，眉、耳、口、角刻作深峻，
又多处加刻横线细纹，长角贴器身后伸，角尖直立，
突出器身之上，与它器不同。张口伸舌，舌前端出
为小平盘，穿孔。

045

铁旗座

十六国北燕
左：分枝存宽24、存长28、存高18.6厘米
右：分枝存宽24.7、存长27.6、存高14.6厘米
北票西官营子北燕冯素弗墓出土
辽宁省博物馆藏

锻制，残。由一直立的銎式铁柄和柄足下端贴地前伸的爪状四枝组成。中空的直柄竖起，圆銎，上略粗而下略细，銎口前开，銎内残存木痕。柄的下部接触处打扁，折作钝角，贴地平直前伸，又在此前伸的扁铁的前端和后尾处各向左右分出两枝，前后共四枝，枝皆弧曲向后。枝端各有一钉孔。应是车上的旗座，四枝钉在车板上，作钝角的柄銎略向后倾，銎内插杆，杆首或悬旗，或垂系流苏。

046

石柱础与鎏金铜帐角

十六国前燕
石柱础：长7、宽14.7、高3.5厘米
铜帐角：宽9.3、管径2.3、高6.5厘米
朝阳袁台子壁画墓出土
朝阳博物馆藏

石柱础，4件形制及大小相同。由灰砂岩和汉白玉石雕琢制成。形制相同，平面作方形座，圆突鼓面，中心有一直径1.8～2.5厘米的穿孔，平或凹底。

铜帐角，4件均相同。鎏金，作直角三管状，每根管端壁有一孔，当为固定木帐杆所用。管内均有朽木杆，其中一管内朽木与础石孔内朽杆相同，最长的约7厘米，说明原铜角的管与管之间有圆木杆连接，从而构成方形帐架。铜角上黏附着紫色细绢残块，局部残存墨色彩绘，说明帐架上原应有绢质帷幕，罩住漆案。

吉 金

　　三燕文化墓葬里出土的青铜器，常见的有铜釜、铜鍑、铜魁、铜鐎斗等，其中高圈足的铜鍑一般被认为是具有骑马民族特征的器物，铜魁、铜鐎斗等是典型的汉式青铜器。慕容氏的政权从慕容廆始，就和东晋有较频繁的来往，反映了前燕时期汉文化青铜容器的影响已到达辽西地区。北燕冯素弗墓所出的青铜器无论是从数量上还是从质量上，都远远超出任何一座三燕文化墓葬的随葬品，反映了从前燕到北燕百余年的时间里，汉文化青铜器对慕容鲜卑的影响是一个不断加深的过程。

047

龙首柄铜魁

十六国前燕
口径22.7、底径13.6、通高15厘米
朝阳袁台子壁画墓出土
朝阳博物馆藏

敞口，圆唇，底部略出低矮的假圈足，口缘一侧接螭首曲柄。口沿下有两周凸弦纹，腹部有四周凸弦纹。

魁，是一种较常见的盛食器，所盛之食有肉羹及酱。晋·郭璞《易洞林》："太子洗马荀子骥家中，以龙铜魁作食，欻鸣。"
朝阳袁台子壁画墓共出土青铜容器四种，其中铜釜及铜鐎斗的外底部均有烟炱痕，铜魁及铜钵中则均盛有羊脊椎骨，这种遗存现象说明铜釜及铜鐎斗是用于炊食的器具，而铜魁及铜钵则是盛食器。后燕崔遹墓出土的铜魁内也盛有鸡骨。

048

龙首柄铜魁

十六国北燕
口径24.8、底径13.9、通长33.5、通高15.3厘米
北票西官营子北燕冯素弗墓出土
辽宁省博物馆藏

铸制。大圆勺形，有曲柄。大口微侈，口下壁近于直，下腹弧形内收，圈足，足内平底。口下及腹部各有弦纹一组，每组皆三周弦纹。勺柄接铸于勺体外壁，曲颈扁体，柄身直上，柄端铸一个长形龙头。龙顶出独角甚长，贴顶向后，角尖折而翘起。双长目分于两侧，长吻前伸，露上下两排巨齿。

049

龙首柄铜鐎斗

十六国前燕
口径18.2、底径12、通高13.9厘米
朝阳袁台子壁画墓出土
朝阳博物馆藏

敞口，折沿外撇，浅腹，弧形腹壁，平底，腹部一侧接螭首曲柄，腹底有三兽面纹蹄形足。腹中部饰凸弦纹三周，底缘饰一周。底部有烟炱痕，应为实用器。鐎斗，是汉晋时期的一种炊器，可用于军旅。

050

龙首弦纹铜鐎斗

十六国前燕
柄长16.5、斗直径22.2、斗高7、足高5厘米
朝阳下三家乡砖厂三燕文化墓葬出土
朝阳县博物馆藏

微敛口，侈沿，沿下内折，深腹，平底，底置
三兽形足，腹部置一龙首柄。腹另一侧有修补痕
迹。腹底部各饰弦纹三道，腹下部、底上部饰
弦纹九道。

051

铜镳斗

十六国北燕
通长30.5、口径16.8、通高15厘米
北票西官营子北燕冯素弗墓出土
辽宁省博物馆藏

大口圆斗，口沿较宽并上斜如曲弧状外侈。外壁
饰弦纹，底平。在腹壁下部铸三足，每足均上部
为人面，张口露齿，下部作兽蹄状。在腹壁的上部，
一侧出螭首曲颈长柄，其颈部又有一短梁接连于
口沿，以加大撑持的力量。螭首长长的独角上做
出多道横纹，角尖上翘。

052

铜尊

十六国北燕
口径23、底径22.1、高17.5厘米
北票西官营子北燕冯素弗墓出土
辽宁省博物馆藏

圆形矮筒，直壁平底，三兽蹄足。直口、口壁略
有外侈，口沿向内略有抹斜。外壁由口至底饰三
组弦纹。三足均系另行铸就，然后接铸于尊壁下
端，接铸痕迹清楚。此器形体规整，铸工较好。

053

铜洗

十六国前燕
口径23、底径18.5、高5.6厘米
朝阳袁台子壁画墓出土
朝阳博物馆藏

敞口，宽折沿，沿面略下凹，圆唇，浅腹，圜底。
出土时内盛羊脊骨两节。

054

鹿纹三足铜罐

十六国前燕
口径5.2、底径7.4、高5.8厘米
北票南八家乡四家板村喇嘛洞墓地ⅡM196出土
辽宁省文物考古研究院藏

直口、短颈、圆肩、平底，底部侧缘具三个实芯足。肩具对称双系，其一内衔"8"形铁链节。肩、腹部刻有上下两层的连续鹿纹，每层六只，诸鹿首尾衔接，鹿纹内外分别以致密的篦纹和双重波浪纹填充，鹿纹以下近底部加饰一道多重连续菱形纹。

055
元康三年铜鍴镂

西晋
口径9.5、腹径11、高9.7厘米
北票南八家乡四家板村喇嘛洞墓地ⅡM315出土
辽宁省文物考古研究院藏

侈口，圆唇，束颈，鼓腹，圜底，颈部具对称双系。
口沿下部刻一行字："元康三年三月廿日，洛阳冶造，三升铜鍴镂，重二斤，第一。"
铜鍴镂是汉代的一种炊食器，有盖、三足，盖顶周缘山峰相连，上腹两侧有双系，环带提链，其得名与其器盖的形式有关。铜鍴镂出土的数量不多，年代主要为西汉中晚期。
这件元康三年（293年）青铜容器，自铭为"铜鍴镂"，与秦汉时期铜鍪造型相似，汉代镆、鍪、锜、镂、鍴镂等，都是釜一类器物的名称。同墓地出土的鹿纹三足铜罐及提梁铜器，均应是汉代青铜容器中"釜"属的鍪、镂等发展到魏晋时期，适应地域民族需要而产生的形制上的变化。

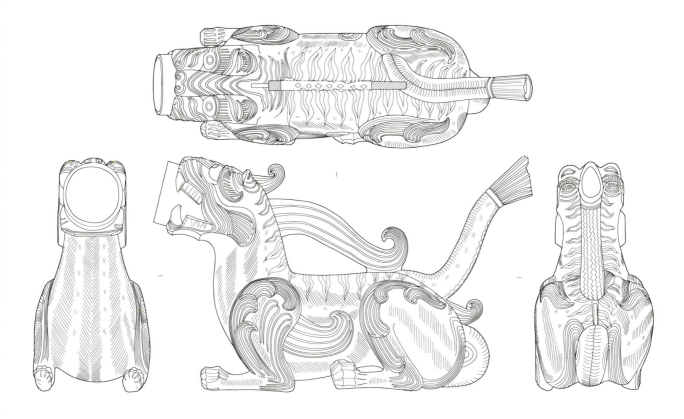

056

铜虎子

十六国北燕
通长38.5、高23.1厘米，重6.3千克
北票西官营子北燕冯素弗墓出土
辽宁省博物馆藏

铸造。造型为昂首翘尾的伏虎，虎视眈眈，状态凶猛。管式口，颈后鬃毛伸长成为提梁，连于脊尾。腋下出卷毛如翼，长尾经腹下由右股伸出，高翘于背后。由口至尾，通体中空，周身除铸出花纹外，在颈、背、胸、尾各处又刻划细线，表示毛鬃。

魏晋时期常有瓷虎子发现，这种铸作精工的铜虎子尚属罕见。

虎子，其用途有亵器、清器、饮器、饮酒器、盛酒器、溲器、溺器等。考古发现，虎子这一类造型的器物最早出现在春秋时期，常见于两汉魏晋南北朝时期的墓葬中。虎子质地有陶、青瓷、铜、漆木等，陶瓷质地的虎子数量较多。北燕冯素弗墓出土的这件青铜虎子，造型生动，纹饰精美，体现着南北交融的社会风尚。

丝路通途

　　自西汉武帝时张骞通西域后，大批的西域胡人或经商或通使，通过丝绸之路来到中原地区。魏晋十六国时期的辽西地区是中原、东北腹地、北方草原之间文化交流的桥梁，是连接朝鲜半岛和日本列岛的重要环节。辽西与北方草原的文化交流发生很早，前燕政权中已经有胡人活动了，北燕冯素弗墓出土的玻璃器来自于罗马，就是通过丝绸之路传入辽西。三燕文化遗物中的西域文化因素，不仅体现在金器的加工工艺，金属摇叶装饰上，而且三燕马具装饰纹样中的多方连续纹、对凤纹等都与西域和欧亚草原文化有关。

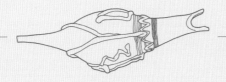

罗马玻璃

　　北燕冯素弗墓出土有鸭形器、碗、杯、钵等 5 件玻璃器，这些珍贵的玻璃器，数量较多且成一组出现，是中国出土的年代较早而数量又最多的一批玻璃器。这批玻璃器皿都是无模吹制成型，均为普通的钠钙玻璃，可以归类到罗马玻璃中，很可能是罗马帝国东北行省的产品。这批玻璃器是经丝绸之路，由草原汗国柔然带入北燕。北燕玻璃器及朝鲜半岛发现的同时期的玻璃器亦有可能是经里海、高车，通过柔然，经巴林右旗的黑山进入北燕，进而向辽东、向朝鲜半岛北部进入的这条北方草原路线输入的。这些玻璃器是研究草原丝绸之路重要的实物资料，具有重要的历史和艺术价值。

001

玻璃杯

十六国北燕
口径9.4、高7.7厘米
北票西官营子北燕冯素弗墓出土
辽宁省博物馆藏

深绿色，质地纯净透明。器表有侵蚀，闪紫黄色绚光。大口微侈，小圆唇，口下略收，直身，底心上凸。外底有粘疤痕，凹底应也是制器时吹棒顶压所致。

002

玻璃碗

十六国北燕
口径13、底径4.4、高4.1厘米
北票西官营子北燕冯素弗墓出土
辽宁省博物馆藏

淡绿色透明玻璃，质光洁明彻而有小气泡。大口、矮身、小圈足。近口处渐成直壁，口沿经切割后以钳具夹使内卷，贴于内壁，成为一个内卷沿，在口外遂留下一周凹线状夹痕。圆底近平而底心向上微凸。外底以圆体玻璃条盘卷粘贴成为一个小圈足，足心有一粘疤残痕，此系吹制时连接吹管之处，成器后敲掉吹管留下残疤。此器以吹制的大玻璃泡切割做成。整体造型线条简洁，色泽纯洁，是不可多得的精品。

003

玻璃钵

十六国北燕
口径9.5、高9.3厘米
北票西官营子北燕冯素弗墓出土
朝阳博物馆藏

淡绿色半透明玻璃，澄澈如湖水。卷口、圆唇、鼓腹、圜底，体似球状。采用无模吹制成型。制作技艺精良，玻璃的熔制水平也比较高。

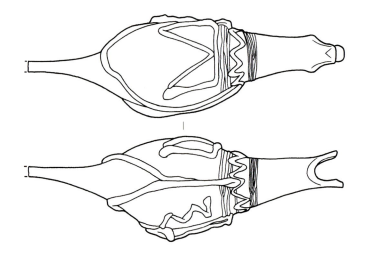

004

鸭形玻璃器

十六国北燕
存长约20.5、高（以底部圆饼贴地平置计）9厘米
北票西官营子北燕冯素弗墓出土
辽宁省博物馆藏

淡绿色透明玻璃。横长身，一端张扁嘴如鸭，长颈圆腹，曳细长尾。尾尖残断。通体作柔和的曲线造型，结构匀称。它是冯素弗墓出土玻璃器中工艺最复杂、器形和装饰最有特点的一件。工艺以无模自由吹制成型，后将玻璃料拉成细条，在冷却之前缠绕在器身上作为装饰。这种动物造型的玻璃器皿在我国仅出土这一例。

西域因素

　　三燕文化遗存中含有西域文化因素，包括金属摇叶装饰、金器工艺、马鞍桥装饰图案等方面。其来源，除慕容鲜卑带入辽西地区之外，也与西域胡人有关，据《魏书·安同传》记载："安同，辽东胡人也。其先祖曰世高，汉时以安息王侍子入洛。历魏至晋，避乱辽东，遂家焉。父屈，仕慕容暐，为殿中郎将。"这是辽海地区有西域胡人活动的最早文献记录，在前燕慕容暐时期已做到殿中郎将的官职。据出土于西安的唐代宗永泰元年（765年）《康晖墓志》，从中亚康国来华的粟特人康迁被前燕封为"归义侯"，这两条记载，说明中亚粟特人不晚于西晋末年即已来到辽海地区。前燕时期独具特色、最为精美的鎏金铜鞍桥包片上多饰以六方连续纹样，即源自于西域，通过粟特人传入中原，进而影响到辽西。

摇叶

金属摇叶装饰起源于西亚，3～5世纪在辽西地区特别流行，除用于冠上的金步摇外，在带具、耳饰、马具上也都用摇叶作装饰。大小不一、质地不同的金属摇叶，成为三燕文化的显著特征。

005

鎏金花树状铜饰

十六国前燕
残高24.8厘米
朝阳博物馆藏

花枝粗壮，在尾端扭成一环，缀有摇叶。虽为鎏金铜质，但工艺较为考究。

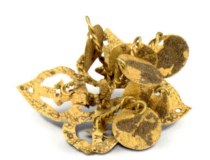

006

四蒂形八叶金饰

十六国前燕

长1.6、宽1.7、高1.4厘米

朝阳博物馆藏

镂空桃叶形四蒂基座上，金丝扭结成环，上缀金叶，
四蒂相连的基座中心伸出四支，每叶镂空的中心
伸出一支，形成八叶步摇之态，摇晃之时，发出
悦耳之声。四角有穿，应为缀饰。

工艺

三燕文化遗物中含有西方文化因素，除金属摇叶装饰外，还有采用锤鍱、掐丝、金珠焊接、镶嵌等工艺制成的小件金饰品，如朝阳田草沟前燕墓出土的采用锤鍱工艺制成的锁形金饰。三燕文化镂空鞍桥包片，多为内饰龙、凤、鹿等多方连续龟背纹，以及对凤（对兽）的图案，都与西域和欧亚草原文化有关，通过游牧于北方草原的慕容鲜卑等南迁一同传入辽西地区。

007

鹿纹金牌饰

魏晋
宽6、高5厘米
朝阳十二台乡红砖一厂M8713出土
朝阳博物馆藏

范铸制成。长方形，片状。残缺一角，上部有三个圆系孔，表面为突起三只鹿并列，鹿头曲向一侧，鹿脚、腿凹凸分明。

008

三鹿纹金牌饰

西晋
宽8.7、高7.1厘米
锦州义县保安寺古墓出土
辽宁省博物馆藏

以锤鍱工艺，描绘出三鹿纹饰，鹿头曲向一侧，鹿角、头、身、腿凹凸分明。四周有缝缀的排孔。

009

双鹿纹陶范

西晋
长9、宽10.2厘米
朝阳柳城镇袁台子村遗址出土
朝阳县博物馆藏

此为制作鹿纹金饰片时使用的模范。它虽是模范，但是仍可见其工艺之精细。以鹿为装饰纹样的饰片为三燕文化时期所常见，鹿纹或是相对站立，或是三鹿成群，充满生机。

叶形金饰片

十六国北燕
存长4.5、宽3.5厘米
北票西官营子北燕冯素弗墓出土
辽宁省博物馆藏

薄金片剪制。树叶形，一头略尖，另一头当叶柄处为一豁口。叶心镂三个"人"字形孔，三孔呈"品"字形排列，形成人面形态。叶的外缘剪成密排的小细条，形成"茸毛"状。每条"茸毛"的宽度不足1毫米，长2～4毫米。

细条形金片

十六国北燕
长8.1、宽0.35～0.4、厚0.01厘米
北票西官营子北燕冯素弗墓出土
辽宁省博物馆藏

薄金片剪制，为一个细长条，无纹饰，应是某种金饰件的残段。

012

錾刻几何纹新月形金牌饰

十六国前燕
长15、宽3.3厘米
朝阳十二台乡砖厂出土
朝阳博物馆藏

錾刻手制。片状、形似月牙，弧形中间宽于
两端。正面錾刻几何纹、水波纹和弧形纹，
背面为素面。两端平直边，四角处各有一个
钉缀用的圆形穿孔。

013

金铃

十六国前燕
直径1.2厘米，总重7.9克
朝阳十二台乡砖厂王子坟山M6出土
朝阳县博物馆藏

圆形，空心，下端有长条开口、内含一白色
砂粒作为铃胆，铃上连一鼻。锒铛作响，声
音悦耳。

014

金铃

西晋

上排：通高1.2～1.7、直径1.1～1.6厘米，包括铃胆在内重42.1克

下排：通高2.1、直径2厘米，包括铃胆在内重98.1克

北票徐四花菅子乡房身村M2出土

辽宁省博物馆藏

20枚。其中大的13枚，直径2厘米；小的7枚，直径1.1～1.6厘米。诸铃以两个轧制的金质半球体对扣铆接而成，上具环形穿鼻，下留铃口，大部分铃中含一铁丸。原应是串连成环，系在踝部的脚铃，以铁丸为胆，琅琅作响。这些都代表着慕容鲜卑金饰工艺的高超水平。

015

锁形金饰

十六国前燕

锁径4.3～5.1、通高4.85、最厚处1.1厘米

朝阳西菅子乡田草沟M1出土

朝阳县博物馆藏

一副两件，叶残缺。以两块圆形金片对扣、再铆合边缝而成。锁体两面圆凸，其内扁心处各有一圆窝，通体饰呈环状排列的粟粒纹。锁形饰的外缘出沿，沿上布列钻孔，孔内穿绞股金丝拧环并联缀摇叶。另在上缘外沿缺口处对铆双系。推测应是挂在冠的两侧。

016

金顶针

西晋
直径1.6、宽1.2厘米
朝阳下三家乡砖厂古墓出土
朝阳县博物馆藏

金片制成。中间宽，两端窄，呈圆形。表面边缘
饰划纹两周，周身满饰圆窝点。

017

金顶针

西晋
环径1.8、宽1.2厘米，重3.6克
北票徐四花营子乡房身村M2出土
辽宁省博物馆藏

打制成型。表面斜线划成的菱形格内，满饰錾凿
的圆窝点。

018

嵌松石管状金饰件

十六国前燕
长3、直径0.9厘米
朝阳西营子乡田草沟M1出土
朝阳县博物馆藏

佩饰品。以金片制成管状，两端以圆形钻孔金片
封堵。管表面饰以双行米粒状条纹四道，每道条
纹间饰菱形米粒状条纹，纹中嵌有松石，两端松
石为蓝色，中部两松石为绿色。制作精细，工艺
讲究。

019

嵌石金戒指

西晋

环径2.5、戒面1.8厘米×1.7厘米，重1.44克

北票徐四花营子乡房身村M2出土

辽宁省博物馆藏

打制面成，上有压印纹饰。中部镶嵌绿色玉石，旁侧镶嵌蓝色玉石，仅存五处，在镶嵌周围以金珠焊接工艺作联珠纹样。戒环中断，有一小缺口。

020

嵌石金珠

西晋

直径0.7、高1.2厘米

北票徐四花营子乡房身村M2出土

辽宁省博物馆藏

此为金片打制成胎，再镶嵌绿松石等宝石，以金珠焊接工艺，装饰镶嵌周围。镶嵌物仅存两处。

021

金耳坠

十六国前燕

直径2.6厘米

朝阳木营子西团山出土

朝阳博物馆藏

錾压手制。管状环形，中空，较粗。由金片包合而成，有双层桃形嵌孔，镶嵌物不存，周围以金珠焊接工艺作联珠。

022

联珠纹葫芦形金叶饰

西晋

长8.5、宽4.5厘米

北票徐四花营子乡房身村古墓出土

朝阳博物馆藏

此为金质锤鍱工艺制作。金片被裁剪为葫芦形状，一周饰联珠纹，有长柄状蒂。造型精致。

023

喇叭管形金器

十六国北燕

长2.7、直径0.6～1.3厘米

北票西官营子北燕冯素弗墓出土

辽宁省博物馆藏

以金片卷成喇叭管状，外壁以金珠焊接工艺装饰为纹。具体制作方法是，将金片剪成梯形，锤击其两边使之变薄，卷之成管，两薄边相互搭接，有约0.5厘米的重叠，在此处锤击使两边接合。纹饰图案围绕管壁分为上下两段，共有六个略作梯形的边框，每框内按对角线焊细金丝作斜十字交叉，每条金丝两侧又各附焊小金粟一线。

024
管状镂空金器

十六国北燕
长3、直径0.3厘米
北票西官营子北燕冯素弗墓出土
辽宁省博物馆藏

以金片卷制成管状，制法和喇叭管形金器相同，
而两头粗细一致。外壁纹饰也是金珠焊接工艺制
成。图案围绕管壁横分为三区，每区分为上中下
三段，共成为九个长短不一的矩形框：上下两端
共六个框略短，每框内有一根对角斜线为饰；中
间一周的三个框略长，框内无纹饰，其中一框镂空。

025
鎏金凤纹铜饰件

十六国前燕
通长5、通宽5.7、厚0.2厘米
北票南八家乡四家板村喇嘛洞墓地征集
北票市博物馆藏

鎏金铜片剪制而成，现存四凤。凤纹以其腹部的
短线条相连，有折断。边框有穿孔。凤纹造型有
似剪影，头有翎羽，腹部前凸，尾似开屏与边框
相连。此凤纹饰件造型特殊，目前仅此一例。

026

鎏金透雕铜翼形饰

十六国前燕
长13、宽6.2、厚0.2厘米
朝阳袁台子M4出土
朝阳县博物馆藏

系马具饰件，以0.2厘米厚的铸制铜板镂、錾、钻等工艺方法制成，近似鸟首形。表面鎏金，底边平直，上部镂一展翅单凤，凤曲颈挺胸展双翼，凤羽曲翘，双足站立，双翼及尾部以錾刻线条构成羽毛，形象清晰；中部的中心部位镂刻长方形四孔，左右各镂一忍冬纹；下部镂刻双凤，双凤姿态一致。鸟首顶端钻一圆形透孔。背面无錾刻，轻度锈蚀，保留有细绢纹。

027

鎏金凤纹山形铜箭箙饰

十六国前燕
宽22、高12.5、厚0.1厘米
朝阳柳城镇腰而营子红砖一厂出土
朝阳县博物馆藏

山形。正面中间为卷云纹图案；左右为对称展翅
飞舞的对凤，纹饰线条由连续錾刻的细密楔形点
构成。山形边缘有均匀分布的穿孔。

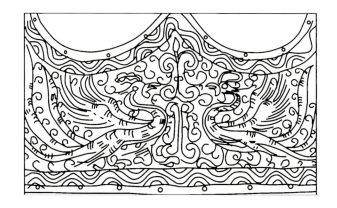

028

鎏金镂空龙凤纹铜带扣

西晋
长8.4、宽4.6厘米
朝阳十二台乡砖厂出土
朝阳博物馆藏

带扣中间的穿针不存。中间镂空，饰线刻描绘的龙凤纹、纹饰繁缛，表现华丽。龙、凤纹的足部均表现有力。龙纹与凤纹是三燕文化带具、马具纹饰中使用较多的题材。

029

鎏金镂空铜带饰

十六国前燕
长6.6、宽3.5、缘厚0.4厘米
北票南八家乡四家板村喇嘛洞墓地ⅡM101出土
辽宁省文物考古研究院藏

分别是带头、带尾。均为前圆后方的矩形，大小相同。正面錾刻镂空一龙纹，周边加贴一层边框，上铆四或五个钉，背衬铜片，其中带扣前端具穿带孔，孔侧具一扣槽，扣舌已失。

030

鎏金錾刻铜鞍桥包片

十六国前燕

左翼：长11厘米

右翼：长27、宽10厘米

朝阳七道岭乡三合成墓出土

朝阳博物馆藏

现存部分为包片的右翼残片和左翼下部残片。前者正面以连续楔形点錾刻出大小不等的龟背纹，其内再加刻龙、凤、鹿和骑射狩猎纹；后者正面则仅存一条龙纹。

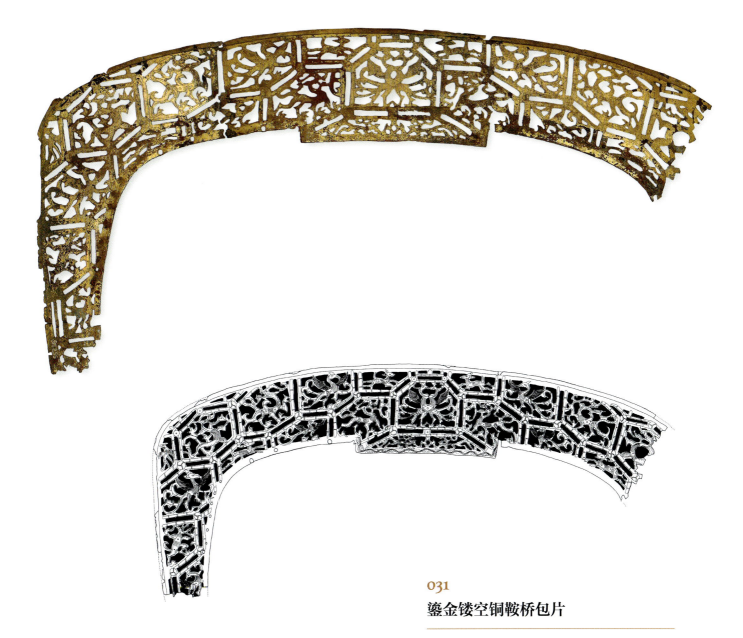

031

鎏金镂空铜鞍桥包片

十六国前燕

宽57、高25厘米

朝阳县土废收购站回收，1973年9月出土于北票
章吉营子乡西沟村古墓

朝阳博物馆藏

錾刻手制。整体呈倒"U"形。上横额较宽，作
上隆弧形，下缘中央部位凸出。两端向下弧转渐
收。通体透錾出六方连续的龟背纹，其间平面采
用点刻法饰龙、凤、怪兽、鹿、人首凤身等图像。
以中央对凤为中心，向左右展开对应相同的纹饰
内容。

佛陀之光

　　活动于辽海地区的各民族都有本民族所信奉的宗教。两晋时期，随着大批汉族流民的到来，佛教也从内地传入辽西地区，慕容诸燕国在都城和统治区内广泛兴建佛寺。东北地区的佛教，由此逐渐传播开来。北朝时期，营州佛教在北燕基础上继续发展。十六国时期的民族迁徙，对辽海地区的社会形势产生巨大影响，各族民众迁徙流动提供了相互交流的有利契机，进而对高句丽早期佛教发展起到了推动作用，扩展了佛教的势力和影响。

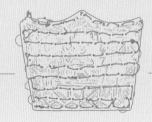

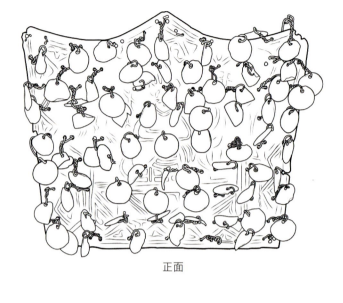

正面

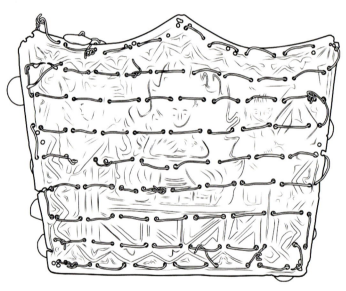

背面

001

压印佛像纹山形金珰

十六国北燕
宽6.8～8.2、高6.6厘米
北票西官营子北燕冯素弗墓出土
辽宁省博物馆藏

一面压印一佛二菩萨像，佛像双目横长，跌坐作
禅定印，一面缀步摇金叶，显示出鲜明的慕容鲜
卑文化特色。这件文物是早期佛教东传和在北燕
发展的重要物证，是佛教在北燕地区日益兴盛的
一种反映。这种装饰品表现了中原文化、佛教文
化与鲜卑系统文化的交汇融合，对东北亚金饰品
文化的影响至为深远。

002

泥塑束发髻佛头像

北魏
宽5、高8厘米
朝阳北塔周围出土
朝阳市北塔博物馆藏

头顶有肉髻突起，面颊丰满，长眉细眼，直鼻小口，眉间有白毫。模型制作，手工修整，背面为平面。此头像是如来佛头部。

003

泥塑束发髻佛头像

北魏
宽5.2、高9.3厘米
朝阳北塔周围出土
朝阳市北塔博物馆藏

头顶有肉髻突起，面颊丰满，长眉细眼，直鼻小口，眉间有白毫。模型制作，手工修整，背面为平面。此头像是如来佛头部。

004

泥塑化生童子像

北魏
宽4.5、高6.5厘米
朝阳北塔周围出土
朝阳市北塔博物馆藏

面相浑圆，长弯眉，细长眼，高鼻梁，嘴微闭，面带微笑。头前蓄一缕木梳背形发丝，眉间有白毫相。有桃形光背。

005
泥塑束发髻菩萨头像

北魏
高10厘米
朝阳北塔周围出土
朝阳市北塔博物馆藏

头发高高扎起成三瓣式发髻，中间有莲花蕾形的头饰，另外左右也有头饰。面颊丰满，细眼长眉，面含微笑。大耳垂肩，挂有耳坠。模型制作，手工修整，背面为平面。

006
泥塑不蓄发头像

魏晋
宽9.5、高11.4厘米
朝阳北塔周围出土
朝阳市北塔博物馆藏

头部无发，面相浑圆，长眉细眼，鼻窝深厚，笑容可掬，面部比例显示未成年形象，应为聪明智慧、慈祥善良的佛弟子阿难。模型制作，手工修整，背面为平面。

007

泥塑通肩袈裟菩萨立像身部残块

北魏

宽11.3、高18.2厘米

朝阳北塔周围出土

朝阳市北塔博物馆藏

立像，通肩袈裟衣薄贴体，刻阴线细衣纹。右臂
下垂，手持莲蕾贴右胯，左臂上曲，手持莲蕾贴
于左胸。模型制作，背面呈平面。

008

泥塑袒右肩袈裟坐佛

北魏
宽12、高15.5、厚5厘米
朝阳北塔周围出土
朝阳市北塔博物馆藏

结跏趺坐，双手合于腹前系禅定印。披袒右袈裟，内着僧祇支，在左肩所披袈裟的领子处刻有折叠的花纹。此身像是如来佛身躯，背部平整，为模制经手工修整的壁塑。

009

泥塑通肩袈裟菩萨立像身部残块

北魏
宽12.2、高16.7厘米
朝阳北塔周围出土
朝阳市北塔博物馆藏

立像，通肩袈裟衣薄贴体，刻阴线细衣纹。左臂下垂，手持莲蕾贴左胯，右臂上曲，手持莲蕾贴于右胸。模型制作，背面呈平面。

010

泥塑飞天身像

北魏
宽13.7、残高13.5厘米
朝阳北塔周围出土
朝阳市北塔博物馆藏

戴项饰，披帛带，腰扎三角形分片短裙，其余部分裸体。腰部扭曲，蜷左腿，右腿斜伸，左臂上曲，手贴于左胸，右臂微张，手贴于右膝，双手各持一莲蕾。飞天身姿优美，极具动感。此残片模制，背面扁平，为壁上贴塑。

011

泥塑化生童子身像

北魏
宽9.6、残高9.7厘米
朝阳北塔周围出土
朝阳市北塔博物馆藏

在正面的莲花中间，露出裸体童子的上半身。赤裸的上半身戴着项圈，胳膊上戴着臂钏、手镯，拱手在胸前，五瓣莲花花瓣修长挺拔。此残片为模制，背面扁平，应该是壁上贴塑。

012

泥塑菩提树

北魏
残高6.1厘米
朝阳北塔周围出土
朝阳市北塔博物馆藏

树冠近椭圆形，有六根树枝，椭圆形叶片，叶脉
清晰。

013

泥塑莲花饰件

北魏
直径5.3、厚1厘米
朝阳北塔周围出土
朝阳市北塔博物馆藏

圆饼状，中央突起，外饰八瓣莲花。或为菩萨冠
上饰件。

014

泥塑莲花饰件

北魏
残宽8.4、残高6.7厘米
朝阳北塔周围出土
朝阳市北塔博物馆藏

为仰莲座残件，由层叠的莲瓣组成。

015

泥塑冠饰残件

北魏
残宽8.2、冠高9厘米
朝阳北塔周围出土
朝阳市北塔博物馆藏

当为菩萨像的宝冠。中间有化佛形象。泥塑手制。

016

泥塑迦楼罗头部残块

北魏
长8.4、宽4.2、厚5厘米
朝阳北塔周围出土
朝阳市北塔博物馆藏

残存喙、眼、冠羽等部位，在其喙部衔一草叶，它冠羽丰满，双眼有神，充满生机。迦楼罗，是古印度神话传说中记载的一种巨型神鸟，在印度教中是三大主神之一的毗湿奴的坐骑，而在佛教中则位列于天龙八部之一。迦楼罗专门以龙为食。后来鲲鹏的鹏鸟形象融合到迦楼罗身上，将迦楼罗与鲲鹏等形象混淆后，大鹏金翅鸟这一形象由此诞生。

017

泥塑手部残块

北魏
长10、高6.7厘米
朝阳北塔周围出土
朝阳市北塔博物馆藏

左手在前，手指微曲，右手在后，手指弯曲，双手托一圆形盘，平口浅腹，内盛供物。

018

泥塑手部残块

北魏
长8.2、宽5.3、厚3.1厘米
朝阳北塔周围出土
朝阳市北塔博物馆藏

手掌丰满，手指纤细，手执莲花花蕾，自然得体。

019

泥塑佛足残块

北魏
长9.2、宽6.4厘米
朝阳北塔周围出土
朝阳市北塔博物馆藏

脚面肥厚，脚趾粗短，五趾并拢，自然平伸，脚下黏结泥块，应为立姿或坐姿垂足。

020

泥塑佛足残块

北魏
长19.6、宽14.7厘米
朝阳北塔周围出土
朝阳市北塔博物馆藏

脚面肥厚，脚趾粗短，五趾并拢，自然平伸，脚底朝上，脚背在下，当为结跏趺坐之右足。此件存五趾及前部脚掌，有足弓，是已发现造像残足中最大的。

021

石雕佛造像

北魏
宽47、高35、厚21厘米
朝阳北塔周围出土
朝阳市北塔博物馆藏

头部残缺。着袒右袈裟，外披帛。左手抚于左膝，右手伸指，手心朝外，于胸前结施无畏印，结跏趺坐在素平方座上。

022

石雕佛坐像

北魏
宽36、通高51.5厘米
喀左南哨镇出土
喀左县博物馆藏

从整体风格上看，体现出了大同北魏云冈石窟的影响，但也有着浓厚的东北地方特色。与朝阳北塔发现的思燕佛图所出土的泥塑佛教造像均为云冈石窟二期风格，与义县万佛堂石窟属于同一地区、同一时期的作品，而又含有地方工匠的独特手法。喀左南哨石雕佛造像的发现，为东北地区北魏佛教造像艺术的研究又增添了新的宝贵资料。

慕容诸国

慕容鲜卑族建立的燕国，以龙城为都城的有前燕、后燕。前燕慕容儁于 357 年迁都邺城，前燕成为以东北为后方，南隔长江与东晋为邻，西接前秦，雄踞华北的强大政权。慕容鲜卑是第一批问鼎中原的鲜卑人，前燕之后，慕容鲜卑人一批接一批走出辽西。

前秦苻坚灭前燕，把俘获的慕容鲜卑贵族都迁到关中地区。383 年淝水之战，前秦败于东晋，依附于前秦的鲜卑贵族慕容垂、慕容泓、慕容冲先后乘机起兵反秦复国。慕容垂建后燕，慕容泓建西燕，后燕的范阳王慕容德建南燕。加之慕容廆时期出走河西的吐谷浑，及其后人建立的吐谷浑汗国，慕容鲜卑人建立的北方民族政权，在推动文化交流和民族融合，影响社会文化发展方面，在中华民族历史上书写了浓墨重彩的一笔。

吐谷浑

　　吐谷浑，原为人名，为辽西鲜卑单于慕容涉归之庶长子。因与慕容廆兄弟失和，吐谷浑遂率部西迁至青海东部等地，侵逼氐羌，成为强部。吐谷浑孙叶延继位后，以祖父吐谷浑为其族名、国号。吐谷浑政权持续三百五十余年，663 年，吐蕃灭吐谷浑后，吐谷浑人逐渐融入其他民族之中。

　　吐谷浑者，慕容廆之庶兄也，父涉归，分户一千七百以隶之。及廆嗣位，二部马斗，廆遣使让吐谷浑……（吐谷浑）遂帅其众西徙。廆悔之，遣其长史乙郍娄冯追谢之。……（吐谷浑）遂不复还，西傅阴山而居。属永嘉之乱，因度陇而西，据洮水之西，极于白兰，地方数千里。鲜卑谓兄为阿干，廆追思之，为之作《阿干之歌》。

——《资治通鉴》卷九十《晋纪十二》

吐谷浑大事记

时　间	事　件
西晋太康六年至十年（285～289年）	慕容廆庶兄吐谷浑，因二部马斗，率众西迁，附阴山面黄河，后迁陇右，慕容鲜卑一支自此流居西北。
东晋建武元年（317年）	吐谷浑卒，长子吐延嗣位。
东晋咸和四年（329年）	吐延之子叶延继承汗位，以第一代可汗的名字作为姓氏与国号，改姓吐谷浑，正式建立吐谷浑国。
北魏太延三年（437年）	北魏拜吐谷浑王慕利延为镇西大将军，封西平王。
隋大业五年（609年）	隋军大败吐谷浑，将今青海大部分地区划归隋朝版图。
唐贞观九年（635年）	唐太宗下诏令吐谷浑复国，封慕容顺为西平郡王。慕容顺丧乱中卒，其子诺曷钵继位，封河源郡王，号乌地也拔勒豆可汗。吐谷浑正式成为唐朝的属国。
唐龙朔三年（663年）	吐蕃禄东赞进攻吐谷浑，吐谷浑国灭亡。慕容忠仍被唐政府封为"青海国王"，其后依次有慕容宣超、慕容曦光、慕容兆、慕容复等世袭封号。
唐贞元十四年（798年）	吐谷浑最后一位青海王慕容复继位，慕容复死后，吐谷浑封嗣就此断绝。

大唐故代乐王上柱国慕容明墓志拓片

唐

边长46厘米

武威南营乡青嘴喇嘛湾吐谷浑慕容氏家族墓群
出土

武威市博物馆藏

唐玄宗开元二十六年（738年）刊石。盖楷书"大
唐故代乐王上柱国慕容明墓志之铭"四行16字。
墓志19行，满行23字。志文记载吐谷浑代乐王慕
容明事迹，唐高宗永隆元年（680年）生于灵州，
五岁时以本蕃号代乐王，开元二十六年薨，归葬凉
州先茔。其中有"公讳明字坦，昌黎鲜卑人也。"

西 燕

　　西燕（384～394年），淝水之战后，慕容泓在关中建立的政权，史称西燕，属于慕容氏诸燕之一。慕容永时定都长子（今山西省长子县），盛时有今山西、河南各一部分，394年被后燕开国皇帝慕容垂所灭。因西燕国祚过短（享国不足一纪）且国力不盛，故西燕政权不在十六国之内。

西燕世系表（384～394年）

在位年代	本名	年号
384年	慕容泓	燕兴元年（384年）
385～386年	慕容冲	更始（385～386年）
386年	段　随	昌平（386年）
386年	慕容顗	建明（386年）
386年	慕容瑶	建平（386年）
386年	慕容忠	建武（386年）
386～394年	慕容永	中兴（386～394年）

南 燕

南燕（398～410年），十六国时期慕容氏诸燕之一。398年由慕容德所建，先后定都滑台、广固，割据青州12年。统治范围包括今山东及江苏的一部分，加强了汉族与北方民族的融合，影响了地区社会文化的发展。

南燕世系表（398～410年）

在位年代	本名	称号（封号、谥号、庙号）、年号
398～405年	慕容德	谥献武皇帝，庙号世宗，虚葬于东阳陵。 燕平（398～399年） 建平（400～405年）
405～410年	慕容超	太上（405～410年）

广固城遗址远眺

广固城，位于今山东省青州市邵庄镇窑头村，十六国时期南燕都城，东晋大将刘裕灭南燕，毁广固。广固城分内外两城，内城位于外城的西北部，内城发现有宫殿遗址。东晋与前秦淝水之战后，慕容垂复国，史称后燕，封其弟慕容德为范阳王，任丞相。因"青州沃野二千里，精兵十余万，左有负海之饶，右有山河之固，地形险峻，足为帝王之都"，398年慕容德建南燕，399年定都广固。

002

鎏金铜马镫

十六国南燕
宽15.5、高24、厚1厘米
青州体育场古墓出土
青州市博物馆藏

一副2件。形制、纹饰相同。长柄，椭圆形镫环。柄上端有一横穿，柄部錾刻云龙纹，镫环錾刻忍冬纹。

山东省青州体育场古墓出土马具共90余件，包括鞍具、辔具、鞶饰等，均为铜质，通体或局部鎏金，部分器表有錾刻纹饰。其中马镫、马镳、杏叶、穿管步摇饰件、带扣、銮铃等与辽宁朝阳十二台乡砖厂88M1出土的同类器物形制相似，马具上錾刻的云龙纹、对凤纹都与三燕文化的纹饰风格一致。辽宁地区三燕文化的马镫尚未发现有云龙纹等装饰图案，推测应是十六国南燕在前燕基础上，马具的进一步发展。

003
铜马镳

十六国南燕
宽10.5、高9.8、厚0.2厘米
青州体育场古墓出土
青州市博物馆藏

一副2件。外轮廓呈"十"字形，似四花瓣，正面周边起一周凸棱，上侧顶部平直，有一横穿，用于和辔头相连，中部有一竖穿，穿中间铆一横梁，以固定马衔与连接缰绳的引手。

004
铜銮铃

十六国南燕
直径4.2、口长4.2、钮高1.5厘米
青州体育场古墓出土
青州市博物馆藏

呈圆球形，中空，底部开一长条形口，内含椭圆形铃胆，顶部为桥形或月牙形钮。素面无纹。

005

鎏金铜杏叶

十六国南燕

大：上宽5、下宽6.2、高10.3、厚0.1厘米

中：上宽4、下宽5.3、高9.8、厚0.1厘米

小：上宽3.5、下宽4.5、高9.5、厚0.1厘米

青州体育场古墓出土

青州市博物馆藏

铜质鎏金。呈上窄下宽的圭形，略有束腰，上端
平直，有横穿，内穿铜折页与革带连接，并有两
个加固的铆钉。大杏叶周缘用细线阴刻双线纹，
内填波浪纹。正中用细线阴刻对凤纹，头部相对，
皆带冠，喙中间用细线阴刻一器物，胸两旁为双翼，
其下为简化的鸟身、爪及尾。中、小杏叶皆无纹饰。

006

铜带卡

十六国南燕
圆环外径3.5、内径2.5厘米，心形铜片高3.5、
宽3.1厘米
青州体育场古墓出土
青州市博物馆藏

由圆环和心形叶片组成，叶片以长条形叶柄，穿圆
环对折，在叶片尖部用一个铆钉与叶片铆合，叶片
上另有两个左右对称的铆钉，用于铆合皮革。

007

铜带扣

十六国南燕
大：长14.5、宽3.2～5.7厘米
小：长9.5、宽3～3.5厘米
青州体育场古墓出土
青州市博物馆藏

形制相同，仅大小不同。平面作圭形，折页上
用五个铆钉固定。

008

铜缀泡套管摇叶

十六国南燕

帽盖：外径5、高1厘米

穿管：直径0.5～1、长7.5、高10厘米

摇叶：宽4.2、高5.5厘米

青州体育场古墓出土

青州市博物馆藏

由摇叶、穿管、帽座组成，大多已分离。帽座圆
形，顶部有长方形小孔以穿铜丝固定。穿管居中，
铜片卷成，内有弯折成双股的扁条形铜丝以连接
帽盖及摇叶。摇叶为心形，大多无纹饰，仅一件
有线刻纹饰，但已锈蚀严重，纹饰模糊。

［附表］
三燕考古发掘与研究文章一览表

专题图书

图书名称	主　编	出版社	出版年度
《鲜卑·三国·古坟——中国朝鲜日本古代的文化交流》	徐秉琨	辽宁古籍出版社	1996 年
《辽宁文物暨壁画摹本展》	（韩国）首尔大学博物馆	首尔大学博物馆	2001 年
《三燕文物精粹》	辽宁省文物考古研究所	辽宁人民出版社	2002 年
《三燕文化の考古新発見》	（日本）奈良文化財研究所	奈良文化財研究所飛鳥資料館	2009 年
《辽宁文化通史·魏晋南北朝隋唐卷》	田立坤、刘宁、梁志龙、谭国武	大连理工大学出版社	2009 年
《中国出土壁画全集》第 8 册	辽宁分册主编：刘宁	科学出版社	2012 年
《北燕冯素弗墓》	徐秉琨	文物出版社	2015 年
《采铜集》	田立坤	文物出版社	2016 年
《古代辽宁》	刘宁	文物出版社	2017 年
《辽西地区东晋十六国时期都城文化研究》	辽宁省文物考古研究所、日本奈良文化财研究所	辽宁人民出版社	2017 年
《后燕史》	田立坤	中国社会科学出版社	2019 年

发掘报告

报告题目	编写	期刊	发表时间
《朝鲜安岳所发现的佟寿墓》	宿白	《文物参考资料》	1952 年第 1 期
《辽宁北票房身村晋墓发掘简报》	陈大为	《考古》	1960 年第 1 期
《辽宁义县保安寺发现的古代墓葬》	刘谦	《考古》	1963 年第 1 期
《辽宁北票县西官营子北燕冯素弗墓》	黎瑶渤	《文物》	1973 年第 3 期
《辽宁朝阳后燕崔遹墓的发现》	陈大为、李宇峰	《考古》	1982 年第 3 期
《朝阳袁台子东晋壁画墓》	辽宁省博物馆文物队等	《文物》	1984 年第 6 期
《辽宁朝阳发现北燕、北魏墓》	朝阳地区博物馆等	《考古》	1985 年第 10 期
《辽宁朝阳两晋十六国时期墓葬清理简报》	李宇峰	《北方文物》	1986 年第 3 期
《朝阳北塔 1986～1989 年考古勘察纪要》	朝阳市北塔考古勘察队	《辽海文物学刊》	1990 年第 2 期
《朝阳县沟门子晋壁画墓》	陈大为	《辽海文物学刊》	1990 年第 2 期
《朝阳自来水管道工地墓葬发掘简报》	辽宁省文物考古研究所等	《辽海文物学刊》	1993 年第 1 期
《朝阳前燕奉车都尉墓》	田立坤	《文物》	1994 年第 11 期
《辽宁朝阳袁台子北燕墓》	璞石	《文物》	1994 年第 11 期
《辽宁北票仓粮窖鲜卑墓》	孙国平、李智	《文物》	1994 年第 11 期
《锦州前燕李廆墓清理简报》	辛发、鲁宝林、吴鹏	《文物》	1995 年第 6 期
《科左后旗新胜屯鲜卑墓地调查》	田立坤	《文物》	1997 年第 11 期
《辽宁朝阳田草沟晋墓》	辽宁省文物考古研究所等	《文物》	1997 年第 11 期
《朝阳王子坟山墓群 1987、1990 年度考古发掘的主要收获》	辽宁省文物考古研究所等	《文物》	1997 年第 11 期
《朝阳十二台乡砖厂 88M1 发掘简报》	辽宁省文物考古研究所等	《文物》	1997 年第 11 期
《辽宁锦州市前山十六国时期墓葬的清理》	锦州市文物考古队	《考古》	1998 年第 1 期
《辽宁北票喇嘛洞墓地 1998 年发掘报告》	辽宁省文物考古研究所等	《考古学报》	2004 年第 2 期
《朝阳古城考古纪略》	田立坤、万雄飞、白宝玉	《边疆考古研究》（第 6 辑）	2007 年

[专文]
北燕的一枚佛珰与东北早期的佛教

徐秉琨

　　冯素弗墓出土了一件鍱有佛像的山形金珰（M1：113），满缀圆形步摇叶片。这是佛教传入东北最早的一项实物见证。

　　这件金珰就其形制而言，应该也是一件冠题，即冠额正中的徽饰。它外形虽同于蝉纹金珰，珰面图纹却非蝉纹而是佛像。佛像双目横长，趺坐作禅定印，佛座为方坛式台座亦非稍后时期出现的四足方座，有似后赵建武四年（338年）的铜坐佛像[1]（图一），珰身周缘是连续三角形纹带组成的边框，仿佛还保留一些犍陀罗艺术的遗风。这一切表现了十六国时期佛造像的时代特征。其珰面满缀摇叶，则显示出鲜明的慕容鲜卑的文化特色。

　　佛教自东汉时期传入中国之后，至两晋南北朝而有了一个大的发展。当时战乱频仍，民不聊生，而佛教却能大行其道，关键是得到了各地领导层的有力扶持。佛图澄是来自西域的佛教传布者，其弟子释道安也是一代宗师。道安说："今遭凶年，不依国主，则法事难立"[2]，概括地说明了当时佛教的处境与发展的策略。而"国主"们率多崇佛，则是为了得到佛法的佑护和对其统治与扩张的支持。对百姓而言，在那无休止的战乱中，佛教能带给人们一点精神上的，虽然是虚幻的寄托，一些佛教的

图一　建武四年佛像

高层人士还劝诫统治者少杀生，这在一定程度上也得到了民众的信赖。因宗教在当时影响之大，《魏书》专门为佛教和道教创立了《释老志》。

　　《魏书·释老志》在论述佛教教义时说："率在于积仁顺、蠲嗜欲、习虚静而成通照也。故其始修心则依佛、法、僧，谓之'三归'，若君子之'三畏'也"[3]。按"归"，亦作"皈"，即皈依。"佛、法、僧"后世称之"佛家三宝"。"佛"指佛像，

"法"指佛教经典，"僧"指僧侣，其中"佛"为第一位，皈依佛教首先就要皈依佛像，传佛法首先就要树立佛像。十六国至北朝时期，寺庙与石窟寺遍布北方大地，后赵石勒、石虎尊事佛图澄，境内寺庙达八百九十三所；北魏时，云冈、龙门都是著名的石窟寺，据《魏书·释老志》所载，至孝文帝太和元年（477年），平城京内的佛教寺院即约百所，四方（全国）六千四百七十八所，僧尼之数，京内二千余人，四方七万七千二百五十八人[4]。佛教寺院如此之多，即因供奉佛像为"三归"的第一要义。这枚金珰以佛像为内容，反映了当时慕容鲜卑及北燕冯氏崇敬佛教这一历史情况。

佛教何时传入东北，是一个引人关注的问题。据现知资料，一直到前燕慕容廆时期，似尚无佛教传入的记载。333年，廆卒，子皝嗣立。341年，筑龙城，旋自棘城迁都来此。342年四月，有黑龙白龙现于龙山（可能是浮云变幻，视若龙形，即"白云苍狗"之类），皝因立"龙翔佛寺"于龙山之上。这条记载并见于《十六国春秋》（《太平御览》卷一二一引）与《晋书·慕容皝载记》。这应该是历史上东北的第一座佛寺，佛教当是在此前不久传入[5]。348年慕容皝死，子儁嗣；350年慕容儁进兵中原，352年灭冉魏，370年，前秦灭前燕，尽有其地，前秦遂东与高句丽接壤。高句丽都城时在丸都，即今吉林集安。而前秦也是一个崇信佛教的国家，苻坚师事释道安，惜未从道安与苻融等人之谏停止攻晋，致败于淝水之战。于是中外文献又有了几条关于佛教传入高句丽，即丸都地区的记事。

第一条记载见于《三国史记·高句丽本纪第六·小兽林王》："二年（372年），夏六月，秦王苻坚遣使及浮屠顺道送佛像、经文。王遣使回谢，以贡方物。"又"四年（374年），僧阿道来。""五年（375年），始建肖（一作省）门寺，以置顺道。又创伊弗兰寺，以置阿道。此海东佛法之始。"如

这一记载可信，其传送路线应该是经过前燕国疆土，并循行前燕国通往高句丽的通道。唯这条记载仅见于《三国史记》，未见于中国史书，而《三国史记》是在12世纪成书，很多内容是依据中国文献的记载加以编纂的，没有中国文献的支撑，其可信度让人怀疑。日本学者因此提出所谓前秦送佛法之说，并无其事[6]。但以常理论，前秦原是崇信佛教的国家，既得燕地，已和高句丽成为近邻，为了睦邻示好，委派僧人赍送佛法不无可能。《三国史记》这一条记事应该不是平白拟造的。中华文献从古至今，由于种种原因，多有毁散缺失，有些佚书、佚文后世又有发现。《高僧传》所辑也未必尽全，日本学者并无其事之说所据者仅为现存文献。究竟如何，尚难定论。

第二条记载见于南梁时期释慧皎（497~554年）编撰的《高僧传》。该书卷十《宋伪魏长安释昙始》："释昙始，关中人……晋孝武帝太元之末（太元共二十一年，末年为396年），赍经律数十部往辽东宣化，显授三乘，立以归戒，盖高句丽闻道之始也。义熙初（义熙元年，为405年），复还关中，开导三辅。始足白于面，虽跣涉泥水，未尝沾湿，天下咸称'白足和上'"[7]。昙始的事迹在《魏书·释老志》也有记载，"昙始"称"惠始"，姓张，"家本清河，闻[鸠摩]罗什出新经，遂诣长安见之"，"世号之曰'白脚师'"。惠始的传经可能是一次个人行为。北魏文成帝拓跋濬（452年即位）在诏书中说："沙门道士善行纯诚，惠始之伦，无远不至，风义相感，往往如林"[8]。这次传经中国文献记载明确，对其真实性中外学者都无异议。

昙始（惠始）向辽东和高句丽传送佛法是佛教史上的一件大事。他的籍贯应是清河，因长居关中才被误认为关中人。他赴辽东宣化的396年，正值慕容后燕与拓跋交战，燕师不利，燕国兵民不断退回龙城之时，清河属后燕之地，昙始很可能也是一

起撤退而赴辽东的。此时的辽东虽部分被高句丽侵占，但大部分仍在后燕手中，昙始既赴辽东也就去了高句丽。其所以去辽东而不言辽西，可能其时佛教在辽西已打开了局面，昙始因此要更向东行，再开辟一片新的天地。昙始于义熙初又转赴长安，见鸠摩罗什，观习经典，然后历经赫连氏的夏国与北魏拓跋焘时期，至北魏太延年间（435~439 年）卒[9]。

此外，在高丽觉训（约 13 世纪人）的《海东高僧传》中，注意到中国古代文献记有东晋名僧支遁曾有《与高丽道人书》（僧佑《出三藏记集》卷十二著录作《与高句骊国道人书》[10]，用字更为准确）一事，将此"高丽道人"列在"释无名"一栏中[11]。按《高僧传·晋剡东仰山竺法潜》传中摘引了书信的一段，是支遁向"高丽道人"介绍法潜的情况[12]。支遁卒于 366 年[13]，这说明在此之前已有高句丽僧人存在。不过此时昙始尚未去高句丽传道，即尚早于所谓"高句丽闻道之始"三十年，高句丽境内是否能有僧人，是一疑问。即使按照《三国史记》更早的记载，在昙始之前，已有浮屠顺道于 372 年送佛像、经文至高句丽，高句丽至 375 年始创建佛寺。而未有佛寺之前何以供奉佛像和安置僧人？因此我们推想，此"高丽道人"可能是在燕国境内出家的。在前燕时期，都城龙城曾聚集着"句丽、百济、宇文、段部之人"，"户垂十万"[14]。而在慕容儁进兵中原（350 年）的同时，也裹胁着从东北进入华北的一次民众大迁徙，此中也有高句丽人，例如慕容宝的养子高云即慕容云。前燕既在慕容皝时期已建立了佛寺，很可能在龙城的十万户居民中就有高句丽籍之人出家成为僧人，与东晋的佛教界人士有书信往来。据《高僧传·晋剡沃洲山支遁》传[15]，支遁第一次入剡山是在他到会稽见过王羲之之后。王羲之在永和年间官会稽，他著名的《兰亭序帖》写在永和九年（353 年）。故支遁的这封书信可能作于 4 世纪 50 年代，适当慕容儁进军中原、统治

华北期间。当时佛教的东传其势甚猛，而东北地区的僧人向往东晋和南朝的刘宋地区，每多南游，后来几乎成为一种风气。"高丽道人"或即在此际与支遁有书信往来。

以上都是十六国时期佛教传入东北的一些记载。概括说来，其起始时间大致在 4 世纪中叶或稍前。

而慕容氏与佛教人士也早有往来。后燕主慕容垂曾长期居于前秦。后燕复国，慕容垂于建兴九年（394 年）征灭西燕慕容永，遂奄有太（泰）山、琅邪（琊）诸郡。太山有一位高僧朗公，《高僧传》卷五有传，名"晋泰山昆仑岩竺僧朗"，说他是京兆（长安）人，也是佛图澄弟子，于前秦皇始元年（351 年）移居泰山，得到前秦、后秦、东晋等各方领导人物的敬重。慕容垂也致函，表示"委心归诚，久敬何已"，并致送官绢、袈裟、绵等礼物，请求为燕国"呪愿"，希望能"兵不血刃，四海混伏"，僧朗也有书致答[16]。此外，395 年，慕容垂遣子慕容宝伐北魏，有"沙门支昙猛"随军，警告将有魏军夜袭，慕容宝"笑而不纳"，因致大败（《魏书》归此事于术士靳安）。407 年，后燕慕容熙苻后之丧，"制百寮（僚）于宫内，设位哭临，令沙门素服"。似乎已有僧众为作法事[17]，说明在后燕晚期，龙城的僧人已有一定数量。

至于北燕，则佛教更盛，高僧辈出，仅《高僧传》和《出三藏记集》立传记载刘宋时期由黄龙、辽西海阳等地南游之僧人即有昙无竭、僧铨、法度、昙弘、慧豫等，这些人在南朝都成为一方或某一山寺的名僧。其中昙无竭（法勇）曾召集同志二十五人西行求法，越葱岭、渡悬索桥、过雪山，攀缘陡立的石壁，备极艰险，多有牺牲，传记的记载也颇生动。这是除法显、玄奘等大师之外的又几位西行求法的高僧之一，其为时仅稍晚于法显，他即是黄龙国即北燕国人。《出三藏记集》卷二著录有他所翻译的《观世音受记经》一卷，注明"宋武帝（刘

裕，420~453 年在位）时黄龙国沙门昙无竭游西域译出"。《广弘明集》卷三十上收录有昙无竭的一首《菩萨赞》、一首《诸佛赞》。而僧铨则曾在"黄龙国"建造高丈六金像，其后又到吴中造金像，置虎丘山之东寺。后来居余杭方显寺，眼睛失明，"讲授不废"[18]。汤用彤在《汉魏两晋南北朝佛教史》中将当时的佛教分为"南统""北统"两个系统，"南方偏尚玄学义理，上承魏晋以来之系统。北方重在宗教行为，下接隋唐以后之宗派"[19]。燕地（黄龙国）僧人之所以屡屡南游，固然由于"无远不至"的宗教热情，但也说明虽地处北方，却尽力向"南统"靠拢的向慕之心，因为比较之下，南方的文化高于北方，能和南方的士族阶层谈一些玄理，是僧人们佛学理念更高一个层次的追求。

北燕冯氏崇佛之风一直延续到国亡之后。接替冯跋为北燕之主的是跋弟冯弘。北燕在北魏压迫下亡国，冯弘东走高句丽，而弘子朗入魏为臣。朗有女入宫，后成为文成帝皇后，即文明皇太后，曾在龙城建"思燕佛图"即佛塔。此塔的夯土台座于近年发现。塔身已毁，唐代重建，辽代修缮时包砌外表的面砖，成为一座辽塔，即"北塔"，为朝阳著名的"三座塔"之一（图二）。文明太后之兄冯熙传佛法，自出家财，在诸州镇建佛图精舍，合七十二处。熙有二女，并曾为孝文皇后，姊即"幽皇后"，曾出家为尼；妹被废，为练行尼，终于瑶光寺[20]。《汉魏两晋南北朝佛教史》说"当时北方佛法稍盛之地，想为西北之凉与东北之燕"[21]，且"魏（北魏）世宫闱佛法之盛，盖必得力于燕之冯氏也"[22]。

据此可知，北燕有着深厚的佛教信仰基础。僧铨所造的"丈六金像"（应是铜像或鎏金铜像）虽然没有保存下来，冯素弗墓这件佛珰还是表现了佛教在北燕的地位和影响。（1）它出土在一位宰执的墓中，说明佛教的宣传已深入到统治者上层的核心。（2）它是本地制作，而非外地"送佛法"传来。它应该就是在"黄龙"即朝阳一带制作的。在朝阳郊区，近年发现有一批三鹿纹牌饰的陶范[23]（图三），说明辽西考古中经常见到鲜卑系统的三鹿纹金牌饰[24]就是在附近制作的。佛珰其实也是一枚金牌，工艺并不更为复杂，当地应该也同样做得出。与三鹿纹牌饰不同之处是，在佛珰上又加有摇叶装饰，具有慕容系统的工艺特色，而这又恰恰说明它是本地自制的。连同冯素弗墓和其他慕容鲜卑墓葬出土的蝉纹金珰、"范阳公"金印及一些带有摇叶的金饰品等，都说明最迟在后燕和北燕时期，当地曾有自己的金工手工业。

值得注意的是佛珰的外形。它采用了皇帝身边的高级官员和侍从人员——侍中等戴用的金珰附蝉那样的山形，即汉晋时期一种高等级冠额徽记之形制。这表明佛教在传入中国后，在佛像造型和装饰方面此时已"入乡随俗"，渐行中国化，并且已在

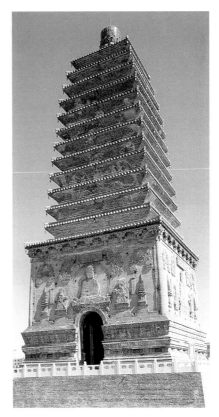

图二　朝阳北塔

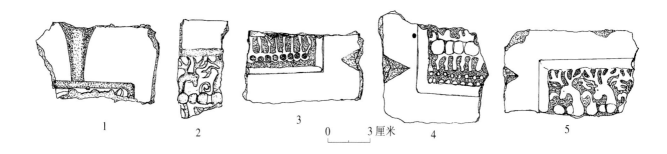

图三　朝阳袁台子采集的三鹿纹陶范

1、2.正模　3~5.负模

统治者心中占有崇高的地位。不仅如此，冠题上有山形边框，还成为此后一个时期一些菩萨造像中的特色。

佛教人物分为不同的等级。地位最高者为佛，其次为菩萨（梵文 Bodhisattva，音译菩提萨埵的简称），菩萨原为释迦牟尼修行尚未成佛时的称号。在造型上，佛不戴冠，露肉髻或螺髻。菩萨则戴冠，一般冠上饰有花朵或花瓣，是表示佛说法时天花乱坠而飘落冠上的。但唯独观世音菩萨（后又有弥勒菩萨）的冠前饰佛像（化佛）（图四）[25]，不同于其他的菩萨[26]。这枚佛珰的发现，说明早在 5 世纪之初或更早，已经有了冠题饰化佛这种做法。但后世观世音菩萨冠上佛像的山形边框消失。这枚佛珰表现了早期冠饰化佛的情况。

事物的发现有时令人不可思议。在山东青州近年出土的大批石造像中，有一尊东魏至北齐时期的菩萨立像，其冠题居然雕为一枚金珰附蝉。耸肩式山形的边框，中间是一只伏蝉，双目圆突，长身垂翅，是中原蝉珰的样式。菩萨高眉细眼，面有笑意，肩披络绶，戴璎珞华绳，刻工细致[27]（图五）。

尘世中皇帝身边侍中冠服的金珰附蝉，如何飞上圣洁的菩萨的冠前了呢？

我们以为，这是佛教内部的等级制度在冠饰上的反映。菩萨为佛祖身边最近、也是最高级的侍者[28]，两晋南北朝以来的寺窟与塔身造像多有"一佛二菩萨（胁侍）"造型。菩萨之于佛，犹如人间的侍中之于皇帝。因此，冠题装饰即仿照人间的官级，做出一枚金珰附蝉。这是佛教与官制互相影响的结果。不仅山形金珰内可以做出佛像，菩萨的冠题也可以出现附蝉。

这里有必要提到北魏的一位僧人法果。据《魏书·释老志》说，法果是赵郡人，太祖（道武帝拓跋珪）皇始（396~398 年）中诏赴京师，"后以为道人统（僧官），绾摄僧徒""法果每言太祖明叡好道，即是当今如来，沙门宜应尽礼，遂常致拜。谓人曰：'能鸿道者人主也，我非拜天子，乃是礼佛耳。'"这可能是将皇帝一类人物称之为"佛"的最早记载，也是这一"理论"的最早提出者（皇帝在宋代被称为"见（现）在佛"[29]，与法果所言意思相同。至晚世宫中称所谓"老佛爷"，皆源于此）。但法果既拜天子，即为人臣。于是至太宗（拓跋嗣）"永兴（409~413 年）中，前后授以辅国、宜城子、忠信侯、安成公之号。皆固辞"。法果以天子为佛，可说是将道安"不依国主则法事难立"的策略发展到了极致，也将佛教与帝王统治二者的关系之本质揭示无遗。法果去世后被追赠为"老寿将军""赵胡灵公"。他年四十始出家，有子名"猛"，虽然法果固辞了有关公侯等爵号，但卒后仍"诏令[猛]袭果所加爵"[30]。天子即佛，菩萨等于侍中，僧人也可加公侯、将军等爵号，而原属菩萨冠上的"化

图四　观世音菩萨冠　　　　　　　　图五　青州菩萨蝉冠　　　　　　　　图六　北魏贴金菩萨像

佛"却成为人间真正的"侍中"的冠饰，这一切打破了宗教与俗世的界限，冯素弗墓的佛珰与青州菩萨冠上的蝉珰正是在这一背景下出现的。这不是一般的相互比附，而是深刻反映了那一时期政教两界密切的依存关系。

在见到这尊菩萨造像之后，我们再来检视同时期的其他一些造像，发现原来不止一尊菩萨，其冠题都做出金珰附蝉那样的耸肩式山形边框，不过框内是空白，不见雕饰，徒存山形空框以示珰片而已，如《青州龙兴寺佛教造像窖藏》一书收录"北魏贴金彩绘圆雕菩萨立像"即为一例[31]（图六）。可能是当时拟雕附蝉抑或雕制佛像，尚无定见。但仅这一个山形空框也已表示冠制，亦即戴冠者的品级。这反映佛像的艺术造型在中国的传播和发展中的一个历史阶段，有些服制装饰尚未完全定型。

在十六国时期，青州曾是慕容氏南燕的统治区域。慕容垂离开前秦苻坚，回到中山建立后燕，后来征北魏不利，病死军旅之中，他的弟弟慕容德南走豫鲁，建立新国南燕，据有滑台（今河南滑县），后迁广固（今山东青州西北）。南燕的两代皇帝，慕容德和慕容超叔侄都笃信佛教。慕容德将进兵广

固，意存犹疑，因遣使征询太山朗公意见，朗公说："宜先定旧鲁，巡抚琅邪，待秋风戒节，然后北转临齐，天之道也。"慕容德从之，遂入广固，次年称帝[32]。他在立国之初致函朗公馈送礼物，同时封以"假东齐王"并给两县租税，应和酬谢朗公决策之功有关。朗公也有复信，辞王而受两县，以将赋税作为"领民户兴造灵刹"之用[33]。此后，在东晋义熙八年（412年），南燕亡国二年之后，著名的法显法师赴印度取经，走师子国（今斯里兰卡）从海路归来，于青州长广郡界牢山（劳山）上岸，受到郡守李嶷的热情接待。十六国时期前后两位高僧和青州的特殊因缘，都促进了青州佛教事业的发展。青州出现如此众多的北朝石造像不是偶然的。

这枚佛珰是佛教传入东北最早的一项实物见证，它反映了佛教初传中国，并逐渐中国化的进程中的一些特点，反映了当时佛教和统治阶层的密切关系；它又是佛教文化和慕容鲜卑文化相结合的一件特殊的艺术品。

在此之后，这种作为冠题、饰有摇叶的耸肩山形珰的工艺，也随金步摇一起东传，相关的珰形冠饰在新罗的皇南大冢、天马冢等处都有出土，唯形

制稍异，一件作为独立的冠题而存在，另一件则连于冠箍成为一体，或者都可看作这枚佛珰的余绪，但珰面仅缀圆形摇叶而无佛祖或附蝉形象，说明已经只是一枚装饰性的冠饰，且为银或铜鎏金制品，非金质。

在北燕灭亡之后数十年，北魏太和年间，冯素弗的侄孙女，魏文明太皇太后冯氏在龙城"立思燕佛图"，而稍后辽西义县又有了万佛堂元景、韩贞石窟的兴造。

附记：近见网络报道，山东博兴县博物馆原藏

一尊"蝉冠菩萨"石造像于 1994 年失窃，在杨泓先生和好心人士及有关部门的努力下，至 2008 年从海外寻回（图像见于《中国博物馆》2010 年第 2 期）。宿白先生曾对文物照片作过鉴定。因知本文所引青州所出菩萨造像冠饰蝉珰并非孤例，当是一时风气使然。附记于此，以供参照。

（原载《辽宁省博物馆馆刊（2011）》，辽海出版社，2011 年）

注 释

[1] 见金申：《中国历代纪年佛像图典》图版 1，文物出版社，1994 年 6 月版，1995 年第二印次。

[2] 见《高僧传》第 178 页，中华书局，1992 年。

[3] "君子三畏"谓"畏天命、畏大人、畏圣人之言。"见《论语·季氏》。

[4] 《魏书·释老志》第 3039 页，中华书局本。

[5] 龙山即今"凤凰山"，一直有佛寺存在。20 世纪山上有上、中、下三座寺庙，中寺名"云接寺"，有辽代方塔，现为全国重点文物保护单位。

[6] （日）木村宜彰著，姚义田译：《昙始与高句丽佛教》，《博物馆研究》2002 年第 2 期。

[7] 《高僧传》第 385 页，中华书局，1992 年。

[8] 《魏书》第 3032、3036 页，中华书局本。

[9] 《魏书》第 3033 页，中华书局本。

[10] 《出三藏记集》第 446 页，中华书局，1995 年 11 月版，2008 年第 3 印次。

[11] 转引自木村宜彰著，姚义田译：《昙始与高句丽佛教》，《博物馆研究》2002 年第 2 期。

[12] 《高僧传》第 157 页，中华书局，1992 年。

[13] 《高僧传·支遁》传："以晋太和元年（366 年）闰四月四日终于所住，春秋五十有三。"见该书第 163 页（中华书局，1992 年）。

[14] 《晋书·慕容皝载记》第 2824 页，中华书局本。

[15] 《高僧传》第 160 页，中华书局，1992 年。

[16] 《广弘明集》卷二十八上，四部丛刊本。这位"僧朗"在《魏书·释老志》中也有记载，云："太祖（拓跋珪）平中山，经略燕赵……先是，有沙门僧朗，与其徒隐于泰山之琨瑞谷。帝遣使致书，以缯、素、旃罽、银钵为礼。今犹号作'朗公谷'焉"（见《魏书》第 3030 页，中华书局本）。"今"谓魏收作《魏书》时，即北齐之时。《水经注》卷八有"朗公谷"条，称僧朗"少事佛图澄，硕学渊通，尤明气纬。"又说他"居琨瑞山"，珉、瑞两字，当是形近致讹。

[17] 《晋书》第 3089、3107 页，中华书局本。《魏书》卷九十五亦记此事。

[18] 《高僧传》第 272 页，中华书局，1992 年。

[19] 汤用彤：《汉魏两晋南北朝佛教史》第 487 页，上海书店，1991 年。

[20] 《魏书·皇后列传》第 329、332、333 页，《外戚列传上》第 1819 页，中华书局本。

[21] 汤用彤：《汉魏两晋南北朝佛教史》第 488 页，上海书店，1991 年。

[22] 汤用彤：《汉魏两晋南北朝佛教史》第 505 页，上海书店，1991 年。

[23] 于俊玉、孙玉铁：《辽宁朝阳袁台子发现汉魏鲜卑牌饰陶范》，《北方文物》2009 年第 2 期。

[24] 如义县保安寺出土三鹿纹金牌，见刘谦：《辽宁义县保安寺发掘的古墓葬》，《考古》1963 年第 1 期，第 53 页。

[25] 西安博物院：《西安博物院》，世界图书出版公司，2007 年。

[26] 鸠摩罗什译《佛说观无量寿佛经》(《出三藏记集》卷二著录有鸠摩罗什译《无量寿经》一卷，或即此经的简称。见该书第 50 页，中华书局，1995 年)："观世音菩萨……顶上毗楞伽摩尼宝以为天冠，其天冠中，有一立化佛"。

[27] 这尊造像为青州博物馆藏品，曾在上海博物馆新馆开馆时展出，笔者参观时得以见到。承上海博物馆李柏华先生惠赠照片。

[28] 《佛说观无量寿佛经》："观世音菩萨……顶有肉髻，项有圆光……其圆光中有五百化佛，如释迦牟尼，一一化佛；有五百化菩萨、无量诸天，以为侍者。"

[29] 欧阳修《归田录》卷一："太祖皇帝初幸相国寺，至佛前烧香，问当拜与不拜。僧录赞宁奏曰：'不拜'。问其何故，对曰：'见在佛不拜过去佛'"。

[30] 《魏书·释老志》第 3030~3031 页，中华书局本。

[31] 夏名采：《青州龙兴寺佛教造像窖藏》第 33、56 页，生活·读书·新知三联书店，2004 年。

[32] 《十六国春秋辑补·南燕录》第 438 页，丛书集成本。

[33] 《广弘明集》卷二十八上，四部丛刊本。

袁台子壁画墓的再认识

田立坤

袁台子位于辽宁省朝阳市（十六国前燕、后燕、北燕的都城——龙城，北魏营州昌黎，隋唐之营州柳城，辽金元之兴中城）南约 12 千米的大凌河南岸，属朝阳县十二台乡。西汉时置的辽西郡西部都尉治柳城就在附近的大凌河谷地。袁台子村东的王子坟山上分布有大量的春秋战国到魏晋十六国时期的墓葬[1]，袁台子村内也是十六国时期的墓葬区。1980年 3 月村内就曾发现一座用石板搭盖的石室墓[2]，袁台子壁画墓位于此墓西南 150 米左右的村民魏洪喜家院内，1982 年冬发现并发掘。

袁台子壁画墓为石板搭盖石室墓，有斜坡墓道，方向南偏西 10°。墓壁用大石板立支，壁顶顺置平卧石条，伸向室内形成一檐。横梁三条，一置门楣上，一置前耳室与中部壁龛之间，一置中部壁龛后，墓后置两抹角石与横梁平。梁和抹角石上再顺置平卧石板封盖。墓室前部左侧有一耳室，右侧及中部两侧、后部各有一壁龛。在中部壁龛后的横梁下顺置一矩形石柱，柱头上横置一与梁等宽的石板承托横梁。墓底铺不规则的石板（图一，1）。

墓壁石面上抹有草拌泥，表面抹白灰，然后绘画。内容有墓主人肖像、射猎、奉食、庖厨、青龙、白虎、金乌等等。并有两处墨书题记。

出土遗物除陶器、釉陶器、铜容器、鎏金银带具等外，还有一套马具，包括木芯包皮革的高鞍桥一副 2 件、木芯包皮革的马镫一副 2 件及铁衔、鎏金铜镳、鎏金铜圭形杏叶、銮铃、鎏金铜带扣、银带扣等。

关于此墓的年代，发掘报告认为："墨书题铭由于白灰面脱落，仅存'二月己'、'墓奠'几字，无法断其绝对年代，只能根据墓室结构特点、出土遗物特征以及壁画内容加以考察。"通过与辽阳上王家晋墓、朝阳大平房壁画墓、后燕崔遹墓、北票西官营子北燕冯素弗墓及河南安阳孝民屯晋墓的比较，将其年代推定在"东晋的 4 世纪初至 4 世纪中叶"[3]。

袁台子壁画墓报告发表后，很快引起学术界的重视。首先是杨泓先生在 1984 年 9 月发表的《中国古代马具的发展和对外影响》一文，把袁台子壁画墓出土的马具与河南安阳孝民屯 154 号墓等出土的马具进行了对比研究。认为安阳孝民屯 154 号墓要晚于长沙永宁二年（302 年）墓，早于南京象山 7 号墓，袁台子壁画墓则晚于孝民屯 154 号墓[4]。此后在《谈中国汉唐之间葬俗的演变》一文中，将袁台子壁画墓视为后北燕的遗存[5]。后来，又有十几位学者陆续撰文，对袁台子壁画墓的时代及文化内涵发表了各自的看法[6]。

发表论文的学者中，把袁台子壁画墓年代上限最早的推定在 3 世纪 40 年代，下限最晚的推定在北燕，时间相差近 200 年。其他或 4 世纪初至 4 世纪中叶，或 4 世纪中叶至 5 世纪初。只有徐秉琨和王巍明确认定袁台子壁画墓为前燕遗存，而且徐秉琨进一步明确其绝对年代在 342 年慕容皝迁都龙城之后不久。

1990 年秋笔者在大连"环渤海考古学术讨论会"上认为：袁台子壁画墓的"形制与壁画内容，显然是受到辽阳汉魏壁画墓的影响"，根据墓葬形制和出土马具推定其"很可能就是前燕都龙城时的遗存"[7]。此后又在《三燕文化墓葬的类型与分期》一文中进一步认为："慕容廆和慕容皝亦曾多次出兵辽东，并徙辽东大姓于棘城，以朝阳袁台子壁画墓为代表的石板搭盖石室墓可能就是辽东大姓的遗存"[8]。

袁台子壁画墓在三燕文化墓葬分类中属石板搭盖石室墓，其特点是用大石板立支构成墓壁，壁顶用平卧的石条做枋，上承横梁，梁上再顺置石板封顶。墓室前部左侧辟耳室，右侧辟龛代替耳室，内绘墓主人端坐肖像，墓室后部立一顶端抹角的矩形石柱，将墓室分为两部分，象征两个棺室。这种形制的墓葬与辽西地区汉晋时期的砖室墓、石块垒砌石椁墓、土坑竖穴墓差别较大，而与辽阳地区的汉魏晋壁画墓形制相同（图一，2～4）[9]。所不同的是辽阳汉魏晋壁画墓是直接在石壁上绘画，而袁台子壁画墓则是在石壁上先涂抹一层黄泥，泥上抹白灰，最后在白灰上绘画。这种区别是因为辽阳汉魏晋壁画墓取材于当地的南芬页岩[10]，壁面平整光滑，可以直接作画，而袁台子壁画墓则取材于辽西的绿砂岩，壁面粗糙、凹凸不平，不宜直接作画。这类壁画墓在辽阳地区东汉时即出现了，一直沿用到东晋初期，是此期辽阳地区规格最高的墓葬。可见辽西朝阳的这类壁画墓是承袭了辽阳汉魏晋壁画墓的

做法、属同一系统。这种形制的墓葬在朝阳出现，应该与辽东移民有关。

据文献记载，4 世纪初有三次辽东移民到辽西，第一次是 313 年辽东张统率乐浪、带方二郡千余家投归慕容廆[11]。第二次是 319 年慕容廆出兵辽东，平州刺史、东夷校尉崔毖亡命高句丽，慕容廆尽降其众，并徙其侄崔焘和渤海高瞻于棘城[12]。第三次是 334 年，慕容皝征辽东，克襄平，徙辽东大姓于棘城[13]。如果我们暂不考虑墓葬形制、随葬品等因素，应该将袁台子壁画墓的年代上限定在第一次辽东移民到辽西，即 313 年之后。

与袁台子壁画墓形制相同的石板搭盖石室墓在三燕文化墓葬中数量较少，在辽西目前仅发现 3 座。除袁台子壁画墓外，还有前面提到的 1980 年春发现的"袁台子北燕墓"，1964 年 10 月在锦州市凌河区安和街发现、被发掘简报称为"北魏墓"的 M2[14]。在辽西梯形土坑竖穴木棺墓和石块垒砌石椁墓的影响下，这类石板搭盖石室墓到后燕时演变成为石板搭盖石椁墓，即墓壁仍用石板立支，顶用石板搭盖，墓向朝南，但不设墓门，石椁呈前大后小状，如朝阳八宝村 M1（图一，5）和后燕昌黎太守崔遹墓[15]，墓室结构简化了，而且不设墓门，但可明显看出是从辽阳汉魏晋壁画墓、朝阳袁台子壁画墓演变而来，与辽西土著的石块垒砌石椁墓不同。根据墓葬形制及随葬品的对比研究，可知这类石板搭盖石室墓在辽西出现的时间不早于前燕建国时，年代下限不出前燕，即 370 年，存在时间仅限于前燕时期。因此，我们认为袁台子这种规格较高的壁画墓应该是辽东移民中的辽东大姓遗存，而不是普通辽东人的遗存。

对袁台子壁画墓年代的认识，所以产生较大的分歧，原因可能有两点：一是没有从整体上对其进行分析研究，如单就马具而言，一般都认为双镫晚于单镫，基于此认识，袁台子壁画墓要晚于安阳孝

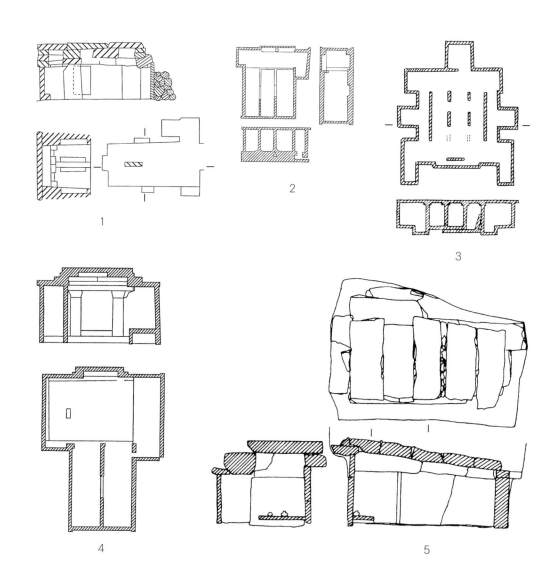

图一

1. 袁台子壁画墓平、剖面示意图　2. 辽阳 "魏令支令" 墓平、剖面示意图　3. 辽阳北园东汉壁画墓平、剖面示意图

4. 辽阳上王家晋代壁画墓平、剖面示意图　5. 朝阳八宝村 M1 正、侧剖面及墓室顶板俯视示意图

民屯出单镫的 154 号墓，甚至还有认为是北燕墓的；如单就墓葬形制而言，袁台子壁画墓与辽阳的汉魏晋壁画墓形制十分接近，所以就可能将其时代定的偏早。另一原因是没有结合辽西当时的历史背景，与同时期的其他墓葬进行综合比较研究，如袁台子壁画墓尽管发现在辽西，但与辽西地区普遍流行的墓葬形制差别较大，而与辽阳汉魏晋壁画墓形制一脉相承，但因它与辽东大姓徙棘城有关，所以其上限不可能超出辽东大姓徙棘城的时间。

关于袁台子壁画墓的绝对年代，墨书题记中有

一重要线索，遗憾的是因轻信简报 "由于白灰脱落，仅存 '二月己'、'背万'、'墓奠' 几字，无法断其绝对年代" 的结论，而被忽略了。

袁台子壁画墓共有两处墨书题记，其中西壁奉食图第五、六人头部之间有墨书题记五行，右起（面朝壁画）第一行尚残有 "……二月己……[丿] 子……" 字样，这应该是墨书题记的纪年文字。按考古发现的墓葬墨书纪年及出土墓志可知，当时的纪年有两种行文格式，一是年前加年号和序数，月、日前加序数，如云南昭通后海子东晋霍承嗣墓发现的墨书

题记中的纪年即是"太元十□□二月五日"[16]；南京象山5号墓出土的王闽之墓志纪年是"升平二年三月九日"[17]；锦州李廆墓出土的砖志纪年是"永昌三年正月廿六日"[18]。另一种是除在年前加年号、序数，月、日前加序数外，月、日后还要加干支，尤其要在月后用干支记明"某某朔"，如朝鲜安岳三号墓的墨书题记就是"永和十三年十月戊子朔廿六日□"[19]，北京西郊发现的西晋王浚妻华芳墓志称华芳死于"永嘉元年春二月辛巳朔廿九日己酉"，葬于"永嘉元年四月十九日己亥"[20]。甘肃敦煌祁家湾十六国墓出土纪年斗瓶上，此类例子很多（图二）[21]，不必一一列举。依上例，袁台子壁画墓的墨书纪年应是属后一种形式，即"二月己"前残缺至少有年号、序数、"年"；"己"与"子"之间依次缺一地支、"朔"、序数、"日"、一天干，由"子"前残存一"[丿]"推断，天干应是："戊"或"庚"。复原应是"□□□[年]二月己□[朔]□[日戊（庚）]子"，前面我们已将袁台子壁画墓的年代确定为前燕或是4世纪中叶左右，查《二十史朔闰表》可知，4世纪30至60年代二月朔日天干是"己"的有：

咸康元年二月己亥朔（335年）

永和十年二月己卯朔（354年）

太和元年二月己巳朔（366年）[22]

在上述3个年份中，"咸康元年"的可能性可以排除。因为前面已据墓葬形制特征将袁台子壁画墓这类石板搭盖石室墓推定为辽东大姓遗存，而辽东大姓徙往辽西是先到棘城，棘城在今北票章吉营子乡三官营子村，西南距朝阳袁台子约37千米[23]。其进入柳城地区当在341年慕容皝筑龙城，第二年由棘城迁都龙城[24]、前燕政治中心转移到龙城之后，此其一；其二，据《资治通鉴》，辽东大姓由辽东徙往辽西棘城是在咸和九年十一月[25]，距"咸康元年二月"才3个月时间，且此时恰值隆冬季节，也不适合修筑如此规模的墓葬、绘制如此复杂的壁画。余下"永和十年"和"太和元年"，如永和十年二月己卯朔，戊子初十，庚子二十二，则墨书题记的纪年部分"□□□[年]二月己□[朔]□日[丿]子"应该是"永和十年二月己卯朔十日戊子（或廿二日

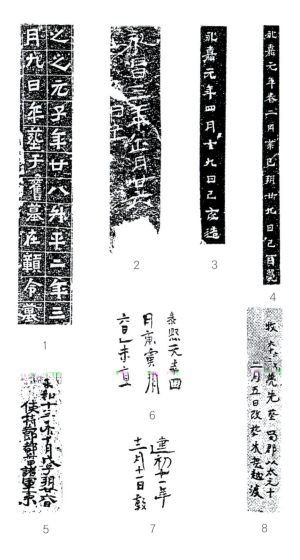

图二

1. 王闽之墓纪年"升平二年三月九日"

2. 李廆墓纪年"永昌三年正月廿六日"

3、4.华芳墓纪年"永嘉元年四月十九日己亥""永嘉元年春二月亲（辛）巳朔廿九日己酉"

5. 冬寿墓纪年"永和十三年十月戊子朔廿六日□"

6. 敦煌祁家湾M321：24 斗瓶纪年"泰熙元年四月庚寅朔六日乙未"

7. 敦煌祁家湾M369：9 斗瓶纪年"建初十一年十二月十一日"

8. 霍承嗣墓纪年"太元十□□二月五日"

图三　墓主人像

1. 袁台子壁画墓　2. 朝鲜德兴里"幽州刺史□镇"墓　3. 朝鲜安岳三号冬寿墓　4. 河北安平逯家庄东汉墓

5. 北京石景山八角村魏晋墓　6. 酒泉丁家闸五号墓

图四　墓主人像

1. 辽阳上王家晋代壁画墓　2. 云南昭通后海子霍承嗣墓

庚子）"，如太和元年二月己巳朔，戊子二十，本月没有庚子。则墨书题记的纪年应该是"太和十年二月己巳朔廿日戊子"。以上两个年份我们倾向是"永和十年二月己卯朔十日戊子（廿二日庚子）"[26]。当然，目前尚没有充足的理由排除"太和元年"的可能性，只能靠以后的新发现和研究的进一步深入

来证实了。

　　袁台子壁画墓壁画有表示天象的日月、星云，表示方位的四神和表示墓主人生活等几部分内容。以表现墓主人生活内容为主，并可细分为墓主人家居和射猎出行两组。家居一组以绘于西壁龛内的墓主人端坐肖像为中心，包括其右侧南壁夫人图（报告称为"仕女图"），墓门两侧门卒，墓主人左侧西壁中部奉食图、西壁龛上部牛耕图、西壁北侧庭院图、北壁东侧屠宰图、东壁北侧庖厨图。出行一组以东壁中部射猎图为中心，其后东壁龛上是牛车、骑从图，东耳室内红马图、牛车图，墓门东侧南壁的侍从图（报告称为"夫妇图"），门额上的甲骑图。

　　这种以反映墓主人生活为主要内容，并有墓主人正面端坐肖像的墓室壁画目前所见最早的例子是河北安平逯家庄东汉熹平五年（176年）多室砖墓[27]，

此墓绘有大幅的车马出行和宅院鸟瞰图，中室的右侧室绘墓主人正面端坐像，左手置于胸前、右手执便面、头戴黑介帻、身穿红袍、凭几端坐于帷帐之中，两侧有侍从。到十六国北朝时期此类题材的墓室壁画虽然发现不多，但分布范围较广，除朝阳袁台子壁画墓之外，在云南昭通后海子霍承嗣墓[28]、甘肃酒泉丁家闸五号墓[29]、北京石景山魏晋砖室墓[30]、辽宁辽阳魏晋壁画墓[31]、朝鲜黄安北道安岳三号冬寿墓[32]、德兴里幽州刺史□镇墓[33]都有发现（图三、四）。其中墓主人形象特征大都是左手置于胸前，右手执麈尾，凭几正面端坐于帷帐之中，反映了当时的一种风尚。但当时各地流行的粉本并不相同。在辽西与朝鲜半岛可能流行一种相同的粉本。如朝阳袁台子壁画墓、朝鲜安岳三号冬寿墓、德兴里幽州刺史□镇墓（辽阳上王家墓壁画因剥落严重，无法进行细部比较），墓主人的冠服姿态完全相同，都是右衽，头服黑色平上帻，白纱笼冠，即武冠或称惠文冠[34]。而且袁台子壁画墓和冬寿墓墓主人的红袍上都画有竖条，在上述地区流行的壁画粉本相同的可能不仅限于此，朝阳袁台子壁画墓的射猎图和集安高句丽舞踊冢射猎图在结构布局、具体形象等方面都极其相像[35]，这样的例子在上述地区还可以找出一些。但是也必须指出，如仔细比较，还是有差别的。如袁台子壁画墓墓主人像是长方脸圆下颏，冬寿肖像为长方脸尖下颏，幽州刺史□镇像为方脸圆下颏。其原因可能是因墓主人像具有一定的写实肖像性质，所以在最能表现人物特征的脸型上才有所区别。可见，尽管粉本相同，但实际使用时也并非完全生搬硬套，由于地区、民族、时代的不同而在细节描绘上也存在明显差异。尤其是在表现墓主人这样有确指的对象时更是如此。基于此，我

们还认为，北京石景山八角村魏晋墓的墓主人像与袁台子壁画墓等墓主人像使用的也是同一种粉本。北京石景山八角村墓墓主人正身端坐，手执麈尾与袁台子壁画墓等墓主人的姿态完全相同，只是将纱笼冠换成了有耳褶的风帽。因此我们认为，北京石景山八角村砖室墓的时代不会早于朝阳袁台子壁画墓，应是北魏遗存[36]。可见这种墓葬壁画题材不仅在十六国时期广泛分布在东北、西北、西南地区乃至朝鲜半岛，而且一直延续到北朝时期，与当时民族分裂、地方割据的政治局势截然相反，产生这种现象的深层文化背景值得深入研究。

附记：本文是 2001 年 10 月我馆在韩国汉城大学博物馆举办《辽宁文物暨壁画摹本展》时，提交给学术研讨会的论文。本文成稿后，《文物》2001年第 7 期发表了王银田、刘俊喜执笔的《大同智家堡北魏墓石椁壁画》一文，该墓壁画与辽宁地区魏晋十六国墓壁画及北京近年发现的石景山八角村墓壁画都有密切关系，尤其对北京石景山八角村墓的断代有重要参考价值。

袁台子壁画墓发掘工作由当时的辽宁省博物馆文物工作队李庆发同志主持，至今已 20 周年。1984年 7 月 29 日，李庆发同志在其整理执笔的《朝阳袁台子东晋壁画墓》发表后一个月，即因心脏病突发逝世于朝阳地区博物馆（1984 年 10 月改为朝阳市博物馆）。袁台子壁画墓发掘是我毕业后被分配到朝阳地区博物馆参加的第一次实际考古工作，在袁台子村农家与庆发同志朝夕相处，受益颇多。今草此短文，以慰长眠于辽西大凌河畔的庆发同志。

（原载《文物》2002 年第 9 期）

注 释

[1] 高青山：《朝阳袁台子汉代遗址发掘报告》，《辽海文物学刊》1987年第1期；辽宁省博物馆文物工作队：《辽宁朝阳袁台子西汉墓1979年发掘简报》，《文物》1990年第2期；辽宁省文物考古研究所、朝阳市博物馆：《朝阳王子坟山墓群1987、1990年度考古发掘的主要收获》，《文物》1997年第11期；辽宁省文物考古研究所、朝阳市博物馆：《朝阳袁台子——战国西汉遗址和西周至十六国时期墓葬》，文物出版社，2010年。

[2] 璞石：《辽宁朝阳袁台子北燕墓》，《文物》1994年第11期。

[3] 辽宁省博物馆文物队、朝阳地区博物馆文物队、朝阳县文化馆：《朝阳袁台子东晋壁画墓》，《文物》1984年第6期。

[4] 杨泓：《中国古代马具的发展和对外影响》，《文物》1984年第9期。

[5] 杨泓：《谈中国汉唐之间葬俗的演变》，《文物》1999年第10期。

[6] 张小舟：《北方地区魏晋十六国墓葬的分区与分期》，《考古学报》1987年第1期；刘中澄：《关于朝阳袁台子晋墓壁画的初步研究》，《辽海文物学刊》1987年第1期；魏存成：《高句丽马具的发现与研究》，《北方文物》1991年第4期；刘萱堂：《中国集安高句丽壁画墓与辽东、辽西汉魏晋壁画墓比较研究》，《高句丽研究》第四辑，学研文化社，1997年；孙机：《唐代的马具与马饰》，《中国古舆服论丛》，文物出版社，1993年；许永杰：《鲜卑遗存的考古学考察》，《北方文物》1993年第4期；齐东方：《中国早期马镫的有关问题》，《文物》1993年第4期；东潮著、姚义田译：《高句丽文物编年》，《辽海文物学刊》1995年第2期；董高：《公元3至6世纪慕容鲜卑、朝鲜、日本马具之比较研究》，《文物》1995年第10期；徐秉琨：《鲜卑·三国·古坟——中国朝鲜日本古代文化交流》，辽宁古籍出版社，1996年；孙守道：《中国三燕时期与日本古坟骑马文化之比较研究》，《东北亚考古学》，文物出版社，1997年；陈平：《辽西三燕墓葬论述》，《内蒙古文物考古》1998年第2期；王巍：《从出土马具看三至六世纪东亚诸国的交流》，《考古》1997年第12期。

[7] 田立坤：《三燕文化遗存的初步研究》，《辽海文物学刊》1991年第1期。

[8] 田立坤：《三燕文化墓葬的类型与分期》，《汉唐之间文化艺术的互动与交融》，文物出版社，2001年。

[9] 李文信：《辽阳发现的三座壁画古墓》《辽阳三道壕两座壁画墓的清理简报》，《李文信考古文集》，辽宁人民出版社，1992年。

[10] 李庆发：《辽阳上王家村晋代壁画墓清理简报》，《文物》1959年第7期。

[11] 《资治通鉴》卷八十八晋愍帝建兴元年："辽东张统据乐浪、带方二郡，与高句丽王乙弗利相攻，连年不解，乐浪王遵说统帅其民千余家归（慕容）廆。"此次移民虽为乐浪、带方二郡，但张统为辽东人，而且其中亦应有张统宗族在内。

[12] 《晋书·慕容廆载记》。此次移民中的崔毖为"南州士望"崔悆之侄，可能出于清河崔氏（罗新：《五燕政权下的华北氏族》，《国学研究》第四卷）。高瞻为渤海人，亦非辽东人。但我们怀疑咸康二年（336年）亡命高句丽的辽东冬寿是此时降慕容鲜卑的。冬寿先为慕容仁司马，慕容廆死后，慕容仁叛，冬寿与慕容幼等讨慕容仁时被俘又降于仁。

[13] 《晋书·慕容廆载记》。

[14] 刘谦：《锦州北魏墓清理简报》，《考古》1990年第5期。M2定为北魏墓不确，应为前燕时期的墓葬，笔者已在《三燕文化墓葬的类型与分期》一文中做了讨论。

[15] 朝阳地区博物馆、朝阳县文化馆：《辽宁朝阳发现北燕、北魏墓》，《考古》1985年第10期；陈大为、李宇峰：《辽宁朝阳后燕崔遹墓的发现》，《考古》1982年第3期。

[16] 云南省文物工作队：《云南省昭通后海子东晋壁画墓清理简报》，《考古》1963年第12期。

[17] 南京市博物馆：《南京象山5号、6号、7号墓清理简报》，《文物》1972年第11期。

[18] 辛发、鲁宝林、吴鹏：《锦州前燕李廆墓清理简报》，《文物》1995年第6期。

[19] 洪晴玉：《关于冬寿墓的发现和研究》，《考古》1959年第1期。

[20] 北京市文物工作队：《北京西郊西晋王浚妻华芳墓清理简报》，《文物》1965年第12期。

[21] 甘肃省文物考古研究所：《敦煌祁家湾西晋十六国墓葬发掘报告》，文物出版社，1994年。

[22] 陈垣：《二十史朔闰表》，中华书局，1962年。

[23] 田立坤：《棘城新考》，《辽海文物学刊》1996年第2期。

[24] 《晋书·慕容皝载记》。

[25] 《资治通鉴》卷九十五，晋纪十七。

[26] 《晋书·慕容儁载记》："皝死，永和五年儁即燕王位。……永和八年儁即皇帝位，大赦境内，建元曰元玺。"永和八年为慕容儁元玺元年，十年为元玺三年。朝阳发现的后燕昌黎太守崔遹墓表纪年"燕建兴十年"，即使用的后燕慕容垂建兴年号，所以此处也不能排除使用前燕慕容儁的年号，即"元玺三年"。

[27] 河北省文物研究所：《安平东汉壁画墓》，文物出版社，1990 年。

[28] 云南省文物工作队：《云南省昭通后海子东晋壁画墓清理简报》，《考古》1963 年第 12 期。

[29] 甘肃省文物考古研究所：《酒泉十六国墓壁画》，文物出版社，1989 年。

[30] 石景山区文物管理所：《北京市石景山区八角村魏晋墓》，《文物》2001 年第 4 期。

[31] 李庆发：《辽阳上王家村晋代壁画墓清理简报》，《文物》1959 年第 7 期。

[32] 洪晴玉：《关于冬寿墓的发现和研究》，《考古》1959 年第 1 期。

[33] 朝鲜民主主义人民共和国社会科学院、朝鲜画报社：《德兴里高句丽壁画古坟》，讲谈社（日本），1985 年。

[34] 《晋书·舆服志》："武冠，一名武弁，一名大冠，一名繁冠，一名建冠，一名笼冠，即古之惠文冠。……天子元服亦先加大冠，左右侍臣及诸将军武官通服之。""汉注口，冠进贤者宜长耳，今介帻也，冠惠文者宜短耳，今平上帻也。……介帻服文吏，平上帻服武官也。"冬寿为司马，服平上帻符合其身份。

[35] 池内宏，梅原末治《通沟》（日）昭和十五年。刘中澄先生曾对两者之间的相似进行了论述（见刘中澄：《关于朝阳袁台子晋墓壁画墓的初步研究》，《辽海文物学刊》1987 年第 1 期）。

[36] 墓主人所戴的帽子与北魏陶俑的风帽很相似，而且石室前檐上刻的兽头，显然是表现瓦当的，而且这种兽面瓦当在山西大同北魏平城明堂遗址里就有过发现，见王银田、曹臣明、韩生存：《山西大同市北魏平城明堂遗址1995 年的发掘》，《考古》2001 年第 3 期。此墓不在砖壁上作画，而在墓内另置石室，壁上作画，这种作法也比较特殊，是否是辽阳石室壁画墓的遗风呢？

古镫新考

田立坤

人类自开始驯化马时起，为了控制、驾驭马，就发明了马具。马具的发展经历了长期的过程，功能齐备的骑乘用马具包括衔镳、鞍、镫三大部分，只有马镫的发明[1]，尤其是双镫的应用，才标志着骑乘用马具已经发展到成熟的阶段。马镫是马具的重要组成部分，马镫的研究，无疑是马具研究中的重要课题之一。马镫本身也经历了发生、发展、成熟定型的长期过程，结构从发生期的单镫到发展期的双镫；功能则从仅供上下马所用扩展到承载骑乘者双脚，使骑乘者更便于在马背上活动；形制也从木质长柄演变成金属无柄。

本文所说的古镫主要是指发生期的长直柄木芯马镫。

一　发现与研究

我国境内考古发现的马镫（下面行文中的马镫，除特别说明的外，都仅指发生期的古镫）资料有形象和实物两种，分布在湖南、江苏、新疆、陕西、甘肃、河南、辽宁、吉林等省区。

形象资料如下。

（1）湖南长沙金盆岭 M21 出土的釉陶马的左侧鞍下挂一个泥塑的三角形小镫（图一，1），该墓

图一　马镫（形象资料）

1. 长沙金盆岭 M21 出土釉陶骑马俑　2. 南京象山 M7 出土陶马
3. 新疆阿斯塔那十六国墓出土木马　4. 咸阳十六国墓出土陶马

出有模印"永宁二年五月十日作"阳文篆书的墓砖。"永宁"为西晋惠帝年号，二年为 302 年[2]。

（2）南京象山 M7 出土陶马腹部两侧都挂一个泥塑的近三角形镫（图一，2）。该墓可能是死于晋元帝永昌二年的王廙墓[3]，永昌元年为公元 322 年。

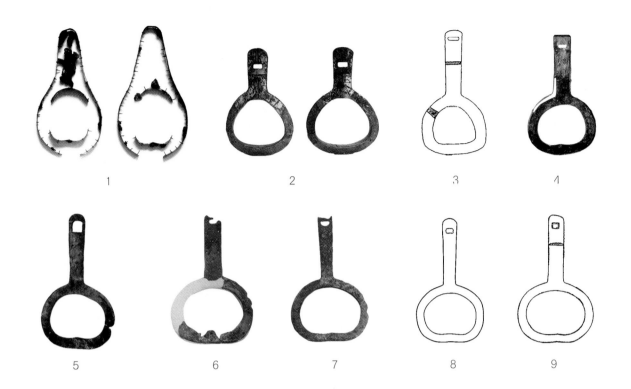

图二 马镫（实物资料）

1. 喇嘛洞 M266　2. 冯素弗墓　3. 袁台子壁画墓　4. 北沟 M8：1　5. 北沟 M8：2　6. 三合成前燕墓　7. 十二台乡砖厂 88M1
8. 袁台子 M4　9. 孝民屯 M154

（3）新疆阿斯塔那十六国时期墓出土木马右侧腹部挂一个近圆形镫环的马镫（图一，3）[4]。

（4）陕西咸阳十六国墓出有多例挂镫的陶马（图一，4）[5]。

实物资料如下。

辽宁省境内出土的三燕文化马镫 7 例。

（1）北票喇嘛洞西区 M266 出土一副 2 件。"平面作网球拍状，木芯，周边侧面以宽 1 厘米左右的铜片条包贴，上钉圆帽四锥体小钉 38 个，片条首尾两端皆在镫环下缘中部，出土时已开裂。镫环内侧上、下缘则以两段铜片条上（3 钉）下（4 钉）钉实，且下缘中部具一凸起。镫长 33.5、宽 17、环孔径 10.6 ~ 11.3 厘米"（图二，1）[6]。喇嘛洞三燕文化墓地的年代在晋武帝太康十年（289 年）慕容鲜卑从辽东北迁回徒河之青山到前燕势力扩展到中原地区之前[7]。

（2）北燕冯素弗墓出土一副 2 件。"材质是桑木芯外包鎏金铜片。圆三角形，上有带孔长柄。制法是用断面作截顶三角形的木条，顶尖向外揉成圆三角形镫身，两端上合为镫柄。分裆处又填补三角形木楔，使踏脚承重不致变形。柄上穿横孔，供拴系。镫的外面包钉鎏金铜片；镫孔内面钉薄铁片，上涂黑漆。工艺精细。……复原尺寸：高 23、宽 16.8 厘米"（图二，2）。冯素弗死于北燕冯跋太平七年，东晋安帝义熙十一年，即公元 415 年[8]。

（3）朝阳袁台子壁画墓出土一副 2 件。"据出土时的形状，镫芯可能由藤条合成，在环的上端还有一三角形木楔，外面包皮革。通高 28、柄长 14、宽 3.7、镫环径 15、壁宽 2.5 厘米"（图二，3）[9]。根据壁画题记等综合考证，该墓很可能葬于东晋穆帝永和十年，即公元 354 年[10]。

（4）北票章吉营子北沟 M8 出土 2 件。"系三面包铜片的木芯镫，镫柄甚长，踏孔椭扁，中间有一尖突，作横置的蚕豆状"[11]。木芯皆朽不存，但是铜包片保存完好。北沟 M8：1，通高 29.4、柄宽 4.5、镫环外径 17、内径 12.6、厚 0.7 厘米。外缘与镫环内缘包铜条，外表仅一面包铜片（图二，4）；北沟 M8：2，仅存一包钉表面的镫形铜片，通高 29、柄宽 3.9、镫环外径 16.8、内径 12.6 厘米（图二，5）[12]。发掘者徐基先生认为该墓的"时代以定在西晋为宜"。

（5）朝阳三合成前燕墓出土 1 件。木芯已朽无存，仅存一残损不全的鎏金铜镫形包片，可以大体复原。"通高 30.5 厘米……木芯，外包鎏金铜片，木芯已不存。马镫上部为竖长方形柄，长 17、宽 4 厘米，柄上端有一横穿，柄身有 10 个铆钉孔。下部为扁圆形镫环，内径约 12、宽 2.5 厘米。蹬踏脚处微上凸。环周围有数个铆钉。另存有马镫侧面窄条包边 5 段，其边沿稍稍向内折，宽 1.5 厘米。包边中间有铆钉孔，间距 3.5 厘米"（图二，6）。该墓为前燕时遗存[13]。

（6）朝阳十二台乡砖厂 88M1 出土 1 件。铜质鎏金，铸制。"镫环扁圆形，踏脚处正中略有凸起……通高 41[14]、柄长 14、上宽 5、下宽 2.7、镫环外径 16、内径 12.3、高 9.2、厚 0.5 厘米"（图二，7）。该墓为前燕都龙城时期的遗存[15]。

（7）朝阳袁台子 M4 出土 1 件。铜质鎏金，铸制。通高 29、镫环外径 16.3、内径 12.7、宽 2、厚 0.3 厘米（图二，8）。该墓亦是前燕都龙城时期遗存[16]。

河南省安阳孝民屯 M154 出土 1 件。铜质鎏金，铸制。"通高 27、厚 0.4 厘米……上端为长柄，下端为扁圆形镫环。柄长 14.5、宽 3.1 厘米，上端有横穿，径 1.2 ~ 1.5 厘米，镫环外径 16.4、环宽 1.8 厘米"（图二，9）[17]。该墓为前燕都邺城时遗存[18]。

吉林省境内出土的高句丽和扶余马镫 6 例。

（1）集安七星山 M96 出土一副 2 件。"木芯，外裹鎏金铜片，以细长的铆钉加固，铆钉的长短与马镫的厚薄相宜，制作工艺精湛，很难看出铆钉的痕迹。"尺寸没有说明（图三，1），发掘报告推测该墓的年代在 4 世纪中叶或可到 4 世纪初[19]。

（2）集安太王陵（03JYM541）"南边底层石隙中"出土 1 件。"木芯包铜制成，椭圆形，踏脚处中心略突起，长柄上宽下窄，顶部有一狭长横穿。包铜分三层，背一面二，表层镂花加上内外压条共五个铜部件，均为通体鎏金……木芯已腐朽……镫环宽 2.5 ~ 2.7、厚 1.1、环内横长 13.2、高 10.8 厘米，镫柄长 13、宽 3.4 ~ 4 厘米，横穿长 2.5 厘米"（图三，2）。发掘报告认为："太王陵所见的马镫及过去所见的数件鎏金马镫较鲜卑同类器物偏晚，均为 4 世纪偏晚之形制"[20]。

（3）集安万宝汀 M78 出土两副 4 件。"以木镫当心，外裹鎏金铜片……先在木镫的内外侧面镶以窄条的鎏金铜片，以细长的小铜钉加固，蹬脚的部位则由里向外加 5 颗鎏金铜铆钉。而后在两面夹镶镫形的鎏金铜片，在里沿和外沿分别用小铜钉加固，其边沿稍稍折向侧面，裹住侧面的窄条铜片。镫的上部有一横向的穿孔，可以悬系。通高 24、宽 18 厘米"（图三，3）[21]。

（4）集安禹山下 M41 出土 1 件。"木质镫芯外裹铁片，今一铁片下侧尚见一凸起的钉痕，可知原木镫和铁皮是钉连的；其间内外侧面的夹隙，则镶嵌因势弯转的窄长铁片。马镫上端有横长方形穿孔，可以悬系。在蹬脚的部位，还从里侧钉入六枚厚实的方帽小钉。残高 27、宽 20、总厚 1.4 厘米"（图三，4）[22]。

（5）集安长川 M4 出土一副 2 件。"镫环内横长 13.2、高 9.1 厘米，镫柄长 11.1、宽 2.5 厘米，横穿长 1.7 厘米"，木芯外包鎏金铜片（图三，5）[23]。

以上三墓的年代都在 5 世纪中叶前后。

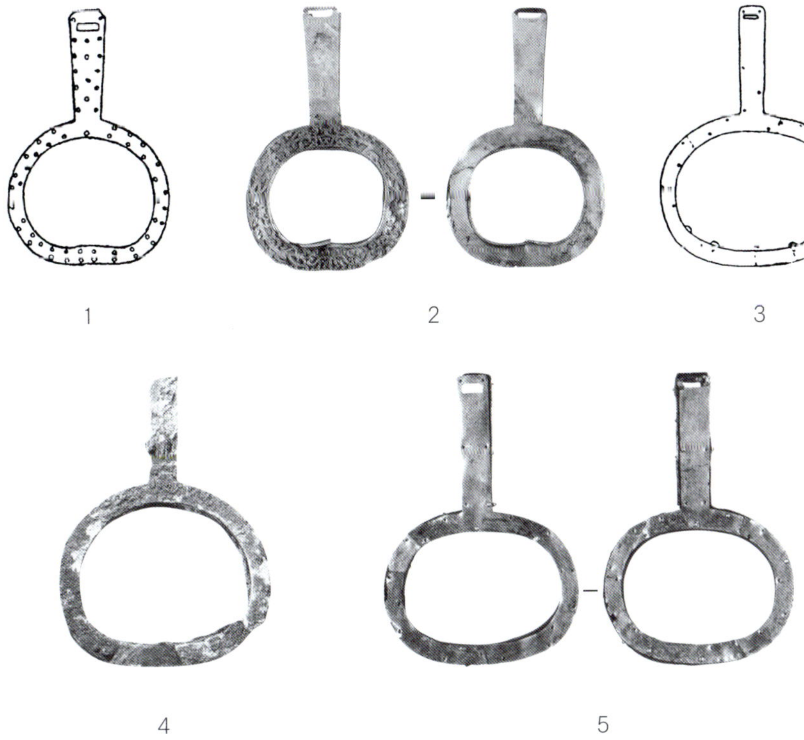

图三　吉林出土高句丽和扶余马镫
1. 七星山 M96　2. 太王陵
3. 万宝汀 M78　4. 禹山下 M41
5. 长川 M4

图四　帽儿山 M18 马镫

（6）吉林市帽儿山 93XⅠM18 出土一副 2 件。直柄，椭圆形镫环，木芯保存完好，外包鎏金铜片（图四）。该墓为 5 世纪中叶前后的扶余遗存[24]。

据报道，甘肃省武威南滩赵家磨魏晋时期的M1 也曾出土一件已残破的铁马镫，但是没有发表照片或线图[25]。

马镫研究是一个世界性的学术课题，国外学者已经发表很多论述[26]。我国学术界在 20 世纪 50 年代末开始关注马镫问题[27]，武伯纶先生认为，陕西兴平县霍去病墓前石刻"卧牛身上的镫形小系短，不合于实用，因而有人疑惑是后人戏作的，不能作为西汉已经用镫的实物例证"[28]；长沙西晋永宁二年墓出土的釉陶骑俑马鞍左侧前缘挂有三角形小镫，右侧则没有，而且骑者的脚也没有踏在镫里，所以杨泓先生认为，该镫"是供上马时踏足用的，骑好后就不再踏镫了，这种小镫，应该是马镫较原

始的形态……中原地区开始使用马镫的时期，大约是在公元 4 世纪前后"[29]。随着考古发现的马镫资料日益增多，对马镫的研究也愈加深入。关于马镫的产生，杨泓先生认为也许"人们对于完备马具（指具有鞍和镫的马具——笔者注）的需求情况是：过着游牧生活的骑马民族并不迫切，而非骑马民族为了掌握骑术，自然更迫切地求助于完备的马具"[30]。孙机先生根据三国时期出现的高桥鞍加大了上马的难度，认为"也就在这个时期，几乎与高桥鞍定名的同时，我国发明了上马用的单马镫……可以说我国马镫的发明是以使用高桥鞍为前提"[31]。齐东方先生在《中国早期马镫的有关问题》一文中认为世界各地"马镫出现的时间都晚于中国"，"在真正马镫出现之前，在中亚、西亚和中国曾有一个使用单镫的阶段"。"可以推测，在 4 世纪之前，马镫已经出现，并且是游牧于中国北方的骑马民族发

明的"[32]。《马镫的起源》是近年见到的一篇国内专门研究马镫的文章，"对欧亚大陆目前发现的几百件马镫实物（包括部分壁画和雕塑所表现的马镫）进行综合研究"，将 4 ~ 13 世纪的马镫分为"直柄横穿型马镫""壶镫""T 形柄金属马镫""8字形马镫"四个类型，"这四个类型既相互关联，又各自具有鲜明的地域特色"。特别值得提出的是该文认为："单镫并非骑行使用，它和马镫的功用是截然不同的"，"不是真正意义上的马镫"，不能"和马镫混为一谈"，所以该文"讨论的马镫，只限于悬系在马鞍两侧，以方便骑马者上马和在骑乘时支持骑马者双脚的马具"[33]。另外，徐秉琨[34]、王巍[35]也在研究东亚古代文化交流时对马镫的发展演变等问题进行了讨论。

笔者此前也曾对高桥鞍与马镫[36]、北票喇嘛洞西区 M266 所出马镫进行过讨论[37]。本文则是从早期马镫的选材、制法入手，进而探讨与马镫相关的几个问题。

二 分类与制法

上面介绍目前见诸报道的实物马镫有铜质铸制和木芯外包金属或皮革两种。

根据镫柄与镫环间夹角、镫环形状的差异，长

图五 喇嘛洞西区 M266 发掘现场

柄木芯马镫可以分为三型。

A 型 长柄上窄下宽，近圆形镫环，镫柄与环之间不仅没有折角，而且没有明显的分界，形制古朴原始。

A 型马镫目前仅发现喇嘛洞西区 M266：60 一例，出土时仅存钉在外缘和镫环里缘 0.9 ~ 1.3 厘米宽的薄铜条，木芯已朽，但纹理清晰（图五）。下面试对其结构、制法做进一步的考察。主要特点如下：第一，通高 37 厘米左右，体量超大；第二，镫柄上窄下宽，与镫环衔接处过渡自然，没有明显的折角；第三，仅在外缘和内缘上、下包钉宽 1 厘米左右的铜条，表面则没有包钉铜片，且钉在外缘的薄铜条在镫环底部并不封闭，留有缺口，起不到加固作用；第四，镫环内缘底部正中铜条向上凸起，与外缘铜条缺口对应，该处明显较镫环的其他部位宽厚；第五，残朽的木芯镫环皆为顺纹。根据以上特点我们认为，喇嘛洞西区 M266 出土的马镫很可能是利用对生树种的干枝简单加工而成，其制法是取大小适中的一节对生干枝，截去对枝中间之干梢，再将两对枝内屈相接成环，倒置即可成为以主干为柄、对枝接合为环的马镫，镫环底部宽厚处即是木芯镫环的相接点（图六）。这种马镫的镫柄和镫环是利用一节原木主干和分枝经简单加工而成，使用时所承受的压力与原木纹理方向一致，因顺纹具有较大的抗拉强度，所以不易拉断。这样我们才能合理解释为什么镫柄上窄下宽、镫环底部正中比其他部位宽厚、表面不包铜片加固、包在外缘的铜条在底部留有缺口这些疑问了。

A 型马镫制作步骤是先选取一节对生的原木，然后剪去干梢、弯曲对枝、接合成环，镫环接法既可以打结，也可以搭接，只要牢固即可，然后在接点处缠缚皮革加固，方法十分简单。

B 型 长直柄，近三角形镫环，镫柄与环之间的夹角 120° 左右。北票冯素弗墓、朝阳袁台子壁

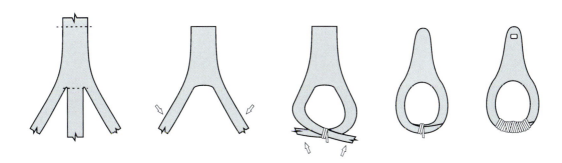

图六 屈木为镫示意图

画墓出土的马镫都属此型。冯素弗墓马镫木芯大部完好，袁台子壁画墓马镫木芯与外包皮革皆朽，仅存痕迹，其中一只柄部张裂（图七），结构清楚。

B 型马镫制作方法复杂得多，要经过选择韧性较好的条状直材、揉曲成环、合并成柄、夹以木楔（图八）、加工修整、包以金革多道工序。因为和 A 型马镫一样，镫柄和镫环的纹理与受力方向一致，不易拉断，所以可不包钉金属片加固。如袁台子壁画墓马镫外包的皮革起不到加固作用。冯素弗墓的马镫外表包钉的鎏金铜片分上、中、下三部分，不是一个整体，也起不到加固的作用，仅是为了装饰。

C 型 长直柄，横椭圆形镫环，镫柄和环之间的夹角 105° 左右，镫的外缘包钉金属条，表面包钉整体的镫形金属片。依据镫环底部中间是否有凸起，可分为两式。

Ⅰ式 镫环底部中间有凸起。北票北沟 M8、朝阳三合成、集安七星山 M96、集安太王陵出土的马镫属此式。

Ⅱ式 镫环底部中间没有凸起。集安万宝汀 M78、集安禹山下 M41、集安长川 M4、吉林市帽儿山出土的马镫属此式。

上述 C 型马镫标本中，只有吉林市帽儿山马镫的木芯至今完整无缺，其他标本的木芯皆腐朽，仅残存金属包片。帽儿山马镫一副 2 件，镫环底部和环柄相接的颈肩部都有断裂，断裂面均为竖向顺纹

图七 袁台子壁画墓发掘现场

茬口，而镫环的两侧则完好无损。究其原因是帽儿山马镫木芯镫环底部和颈肩部的截面是弦切面，而两侧的截面是横切面，与 A、B 两型木芯镫环系利用原木和直木揉屈而成，故任意部位的截面都是横切面的纹理结构不同。据此可以断定帽儿山马镫木芯系采用板材加工而成，所以镫环两侧的截面是横切面，而颈肩和底部的截面则是弦切面。这种制法的马镫木芯镫环颈肩部和底部都是很窄的一条，垂直受力之后极易沿顺纹断裂。所以外表都要包钉整体的镫形金属片加固。

其他同属 C 型长直柄马镫的木芯也应该与帽儿山马镫木芯选材制法相同。

C 型马镫形制规范，制法更为复杂，首先选材，然后切割成板、砍削成形、挖孔成环（图九），最

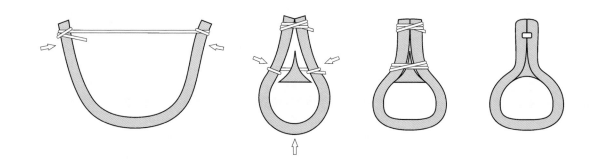

图八　揉木为镫示意图

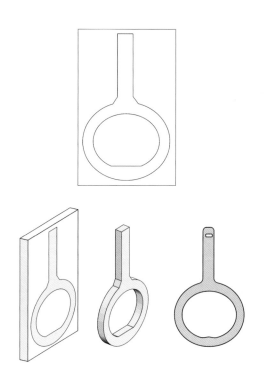

图九　斫木为镫示意图

后包钉金属片加固。

　　铜质马镫三例，分别是朝阳十二台乡砖厂88M1：44、朝阳袁台子M4马镫、河南安阳孝民屯M154：1，均为板状，铸制。长直柄、椭圆形镫环，底部有凸起，与木质C型Ⅰ式完全相同，是对C型Ⅰ式马镫样式的模仿。

　　从对上述列举标本的分析中不难看出，长柄木芯马镫的外形差异是因选择原料、制作方法不同所致。A型马镫是采用原木枝弯曲而成，可称之为"屈

木为镫"；B型马镫是采用直木条揉曲而成，可称之为"揉木为镫"；C型马镫则是采用板材砍削而成，可称之为"斫木为镫"。

　　从制作的难易程度来看，A型"屈木为镫"最为简易，只需将对生的两枝原木相向弯曲搭接即可。B型"揉木为镫"如冯素弗墓出土的马镫，工艺是相当复杂的。但是最初制作这类马镫的工艺肯定不会如此复杂，也应是很简易的，即取韧性较好的藤本直材，稍加修整，弯曲成环，合而成柄即可。但是，这种简易法制成的镫环受力后易使环两侧拉直成三角形，使镫环上部的空间变小，影响使用效果，所以要在镫环合并成柄处夹以三角形木楔，以保证镫环不因受力变形。如冯素弗墓出土的马镫，已经是成熟阶段的制法了。C型"斫木为镫"完全改变了材料的物理性状，可以根据需要确定镫环的大小，制法最为复杂，是一种新的创造。

　　1984年杨泓先生在《中国古代马具的发展和对外影响》一文中就注意到孝民屯M154出土"马镫的镫柄较长，镫体呈椭圆形，蹬脚处略向内凹"，与冯素弗墓所出马镫"镫柄较短，镫体呈圆角的三角形，蹬脚处较平直"的形制差异[38]。也是在1984年，日本的穴沢和光、马目顺一两位先生认为，三角形镫环和椭圆形镫环分属两个谱系[39]；1985年韩国的申敬澈先生在对韩国釜山市东莱福泉洞出土马镫进行研究时，也以镫环作为分类的标准[40]，

现在看来，众多新发现证明，上述各位的认识无疑是正确的。

三 分布与源流

据目前发表的资料，A 型马镫仅见北票喇嘛洞 M266∶60 一例。B 型马镫实物两例分别出土于朝阳袁台子前燕壁画墓和北燕冯素弗墓。湖南长沙金盆岭永宁二年 M21 釉陶马上的单镫和南京象山 M7 陶马上的双镫及咸阳十六国时期平陵 M1 陶铠马的双镫都是三角形镫环，并且永宁二年马镫的镫柄明确是由两股合成，与 B 型马镫的结构相同，应归属于 B 型。C 型马镫实物在三燕文化墓葬和高句丽、扶余墓葬都有出土，但是 C 型 II 式仅见于高句丽和扶余墓葬而不见于三燕文化墓葬。新疆阿斯塔那十六国墓出土木马上的镫是近圆形镫环，应归属于 C 型 II 式。

上面的分布情况表明，A 型马镫仅见于辽西地区。B 型马镫分布范围较广。长沙金盆岭永宁二年马镫不仅是单镫，而且年代比辽西袁台子前燕壁画墓和北燕冯素弗墓的双镫，以及咸阳十六国时期平陵 M1 陶铠马的双镫要早半个多世纪以上，因此，根据现在的资料可以认为，B 型马镫的最初发生地可能是有悠久揉木技术历史的长江流域，袁台子壁画墓和冯素弗墓、咸阳十六国墓的马镫则是接受长江流域的马镫影响产生的。根据墓葬形制等因素，我们曾认为袁台子壁画墓系被慕容鲜卑迁到辽西的辽东大姓遗存[41]。辽海地区与东南沿海地区通过海路的文化交流由来已久，魏晋十六国时期，不论是辽东还是辽西，都与南朝保持着密切的联系，由此联想到辽西袁台子壁画墓和冯素弗墓出土的马镫接受了东南沿海的影响，正是空穴来风，未必无因。C 型马镫大多集中出土在东北地区。属于三燕文化的北沟 M8、十二台乡砖厂 88M1、袁台子 M4、三合成前燕墓、安阳孝民屯 M154 出土的都是 C 型 I

式单镫[42]。在此需要说明，关于北沟 M8 出土的两件马镫，以前的研究者都将其视为一副双镫，实际并非如此。北沟 M8 出土的两件马镫形制并不完全一致，其中 M8∶1 外缘包钉铜条加固，表面只有一面包钉整体镫形铜片，镫的柄端为方形；M8∶2 仅存一片镫形包片，镫的柄端为圆形，可知这两件镫不是同时制作的一副。如果仅从使用功能角度说，同出一墓的两件马镫虽然形制不同，也可以视为双镫，但是在对其进行个案形制研究时，则不能视为是严格意义的双镫，所以我们这里将其视为两件单镫。关于北沟 M8 的年代，一般都认为早于前燕迁都龙城的 342 年，其他的年代也大多不晚于前燕都龙城时期。根据目前的资料我们认为，C 型 I 式单镫最先发生在辽西三燕文化分布区，4 世纪中叶以后才开始流行于其他地区。高句丽地区七星山 M96 和太王陵出土的 C 型 I 式马镫，以及万宝汀 M78、长川 M4、吉林市帽儿山等出土的 C 型 II 式马镫都是接受辽西三燕文化影响的产物，与三燕文化马镫属同一谱系。

韩国亦出土很多三国时代的马镫。据申敬澈先生的研究，今釜山市东莱福泉洞古墓群出土的长柄木芯包铁皮马镫，是韩国年代最早的古镫，"以镫环的形状为基准，可分二型。……镫环呈倒'心'形的为 A 型；与此不同，镫环呈简单三角形的，为 B 型"（图一〇）[43]。

属于 A 型的福泉洞 35 号墓马镫，"全长 29.2、柄长 11.7 厘米，推定镫环的横径为 17.1 厘米，木芯包铁皮。用木材做出马镫形后，在柄的侧面和镫环的外侧面包上厚 0.2、宽 1（环部）~ 1.35 厘米的铁皮，环的内侧包上宽 1.3、厚 0.1 厘米，断面呈'工'字形的铁皮，用铆钉将铁皮固定在木芯上。柄部只在上半部分的前后面贴有上圆下方的铁皮……柄的下半部和镫环的上半部的前后面的中央有宽 0.6、厚 0.4 厘米，断面为抹角长方形的 Y 字形铁筋，用铆钉钉在木芯上，其 Y 字形铁筋根部为圆形铁饼状。镫环下半部的前后面中央也附有同样的铁筋，用铆钉固定"。22 号墓马镫也属此型（图一〇，1、2）。属 B 型的福泉洞 10 号墓马镫，"用断面呈梯形的木材作三角形状的环，在柄的茎部，合并后插入柄的内部……为防止木芯环变形，在柄的茎部的开隙处插入三角形木楔……在柄和环上半部的前后面贴附厚 0.3 厘米的 Y 字形铁皮"（图一〇，3～6）。简言之，福泉洞的 A 型马镫除镫环为倒心形之外，镫的侧面和柄的上部包铁皮，镫环前后面虽都不包铁皮，但是上下分别加以铁筋。B 型与 A 型的区别是镫环为三角形，在柄的颈部开隙处插有三角形木楔，镫环既不包铁皮，也不用铁筋加固。

申敬澈先生在对福泉洞马镫标本进行分类之后，还明确指出：A、B 两型马镫的源头分别是中国安阳孝民屯 M154 的马镫和长沙永宁二年墓釉陶

马上的马镫，这是非常有见地的观点。以福泉洞 35 号墓马镫为代表的 A 型镫，即是本文的 C 型"斫木为镫"，福泉洞 A 型镫环前后面上下的铁筋与本文 C 型镫表面包钉整体镫形铜片异曲同工，都是为了加固镫环。以福泉洞 10 号墓马镫为代表的镫环合并处夹以三角形木楔的 B 型镫，也即是本文的 B 型"揉木为镫"。但是，因为只强调镫环的外形差异，而没有注意到产生外形差异的原因是因选材和制作工艺不同，致使误将 10 号墓两副制作工艺相同的马镫分属 A、B 两型，其实都是 B 型的揉木为镫。

现在再回过来谈一下 A 型马镫和 C 型马镫的关系。A 型和 C 型马镫虽然在选材和制作工艺上完全不同，整体造型也有较大的差异，但是 C 型 I 式在镫环底部正中有凸起这一点上却与 A 型完全一致。据前面的分析，A 型镫环底部的凸起是合成镫环的对生两枝相向弯曲交接的痕迹；斫木为镫的 C

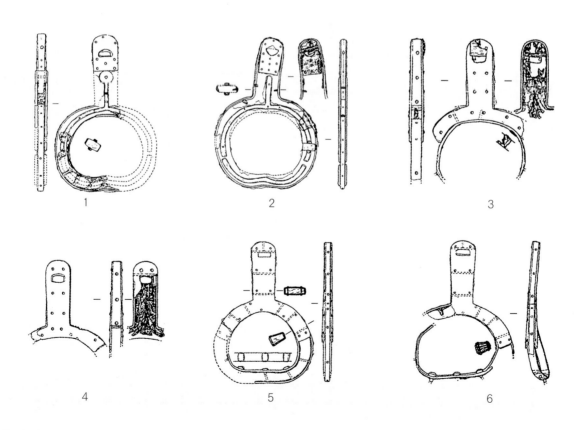

图一〇　福泉洞马镫
1.M35　2.M22　3～6.M10

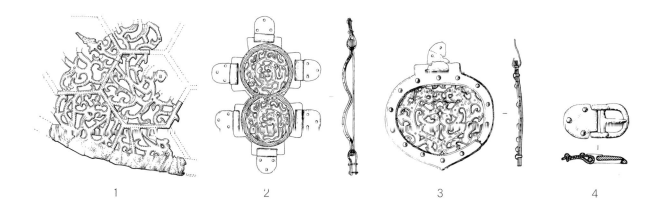

图一一　太王陵鎏金铜器
1. 鎏金铜器残片　2. 鎏金铜节约　3. 鎏金铜杏叶　4. 鎏金铜带扣

型 I 式镫环系挖孔而成，没有接点。因此我们认为，C 型 I 式马镫是模仿 A 型马镫样式制作的，其底部正中的凸起即是脱胎于 A 型马镫留下的痕迹。

上面 "C 型 I 式马镫是模仿 A 型马镫样式制作的" 推论，有可能招致喇嘛洞西区 M266 的双镫（A 型）演变成北沟 M8 等单镫（C 型 I 式）的诘难，其实这是一个误会。我们现在看到的喇嘛洞西区 M266 的双镫外缘包铜条装饰，可以肯定，绝不是 A 型马镫最早的标本，也即是说，屈木为镫肯定还有更早阶段的单镫。而且屈木为镫不必用金属附件加固，木芯易朽，保存下来的概率极低，相信以后会有此类单镫发现，此其一。其二，屈木为镫因其制作工艺简单，直到明代在东北地区可能还在沿用[44]。所以，"斫木为镫" 借鉴 "屈木为镫" 的样式并不矛盾。

归纳上面的认识如下：目前所见 3 ～ 4 世纪的早期马镫因选材和制作工艺、结构不同，分属 "屈木为镫"（A 型）、"揉木为镫"（B 型）、"斫木为镫"（C 型）三个谱系。"屈木为镫" "斫木为镫" 都发生于辽西地区；"揉木为镫" 发生于长江流域。

四　结语

目前发现的三燕文化马镫实物共 8 例，除冯素

图一二　山东滕县龙阳店东汉画像石双马

弗墓的之外，7 例与高桥鞍共出；高句丽与扶余马镫实物 6 例，5 例与高桥鞍共出。太王陵报道中没有马鞍资料，但是，03JYM541∶182 鎏金铜器残片的镂孔图案以六方连续纹样为母题，内置动物纹样，与三燕文化鎏金铜鞍桥包片有相同的特点，体量也相若，很可能就是高桥鞍的包片（图一一，1）。而且太王陵还出有精致的鎏金透雕龙纹铜节约、杏叶、带具（图一一，2 ～ 4）。太王陵曾遭到多次盗掘，因此我们认为太王陵也应该有高桥鞍与马镫共存。4 例马镫形象资料也与高桥鞍共存。马镫与高桥鞍如影随形，有马镫必有高桥鞍。因此我们赞成孙机先生 "可以说我国马镫的发明是以使用高桥鞍为前提" 的推论[45]。高桥鞍的名称虽然三国时期才出现[46]，但是考古发现证明，高桥鞍东汉时期就产生了，如山东滕县龙阳店发现的东汉画像石上的双马就备有高桥鞍（图一二）[47]。文献记载东汉时

期有"镂衢鞍"和"金镂鞍"。镂衢鞍见《初学记》引《三辅决录》："平陵公孙奋富闻京师，梁冀知奋俭惜，以一镂衢鞍遗奋，从贷五千万。"《后汉书》卷三十四《梁冀传》平陵公孙奋作扶风士孙奋："扶风人士孙奋居富而性吝，（梁）冀因以马乘遗之，从贷钱五千万，奋以三千万与之。"上面两书所记当为一事，"马乘"也即"镂衢鞍"。"金镂鞍"见于《古诗为焦仲卿妻作》："踯躅青骢马，流苏金镂鞍。""镂衢鞍"和"金镂鞍"都应该是高桥鞍，而且是专为达官贵人乘马所用，与高桥鞍伴生的马镫自然不会是骑马民族发明的了。因此，我们仍然认为，供上下马的单镫最初发生在中原或长江下游地区，时间不晚于东汉[48]。

根据目前的考古发现推测，最初发生于中原或长江流域的马镫应该是采用"揉木为镫"工艺制成；"屈木为镫"可能最先产生于慕容鲜卑治下的辽西地区，时间不早于西晋时期；"斫木为镫"系模仿"屈木为镫"的样式，为慕容鲜卑所发明似无疑义，时间不会晚于前燕迁都龙城之时。当然这只是依据目前考古发现的推测，还不能算作定论，有待于更多新发现和更深入的研究来证明。

附记：马镫制作示意图由孙力、王宇绘制。

（原载《文物》2013年第11期）

注 释

[1] 这里说的是由木质或金属制作，形状固定的马镫，皮革类脚扣等不在本文讨论范围之内

[2] 湖南省博物馆：《长沙两晋南朝隋墓发掘报告》，《考古学报》1959年第3期。

[3] 南京市博物馆：《南京象山5号、6号、7号墓清理简报》，《文物》1972年第11期。

[4] 转引自齐东方：《中国早期马镫的有关问题》，见《文物》1993年第4期，第73页图二：1。

[5] 咸阳市文物考古研究所：《咸阳十六国墓》，文物出版社，2006年。

[6] 辽宁省文物考古研究所、朝阳市博物馆、北票市文物管理所：《辽宁北票喇嘛洞墓地1998年发掘报告》，《考古学报》2004年第2期。

[7] 关于喇嘛洞三燕文化墓地的年代，参见拙作《关于北票喇嘛洞三燕文化墓地的几个问题》，《辽宁考古文集》，辽宁人民出版社，2003年。

[8] 黎瑶渤：《辽宁北票县西官营子北燕冯素弗墓》，《文物》1973年第3期。

[9] 辽宁省博物馆文物队、朝阳地区博物馆文物队、朝阳县文化馆：《朝阳袁台子东晋壁画墓》，《文物》1984年第6期。对照报告发表的线图，"镫环径15"系指外径，"壁宽2.5"系指镫环的宽度，如此镫环的内径仅为10厘米。该墓出土的马具为实用马具，镫环内径10厘米难以容纳人脚。"镫环径15、壁宽2.5"厘米恐有误，记此存疑。

[10] 田立坤：《袁台子壁画墓的再认识》，《文物》2002年第9期。

[11] 徐基：《关于鲜卑慕容部遗迹的初步考察》，《中国考古学会第六次年会论文集》，文物出版社，1990年。

[12] 朝阳博物馆：《龙城宝笈——朝阳博物馆馆藏文物精品》，辽宁人民出版社，2011年，第50页鎏金铜马镫包片（长30、宽17.9、柄宽4.5厘米）、51页鎏金铜马镫包片（长29.5、宽17、柄宽3.9厘米）。北沟M8没有发表正式发掘报告，两件马镫包片的出土编号不清；《龙城藏珍》亦没有编号，标注的尺寸与实际也不尽相符，本文标注的为重新测量尺寸。为行文方便，本文将两件马镫包片分

别设为北沟 M8 ：1、M8 ：2，以示区别，正式编号以
发表报告为准。

[13] 于俊玉：《朝阳三合成出土的前燕文物》，《文物》1997 年
第 11 期。

[14] "通高 41 厘米"原报告漏校，实为 27.2 厘米。

[15] 辽宁省文物考古研究所、朝阳市博物馆：《朝阳十二台乡
砖厂 88M1 发掘简报》，《文物》1997 年第 11 期。

[16] 董高：《朝阳地区出土鲜卑马具的初步研究》，《辽宁省考
古、博物馆学会成立大会会刊》，沈阳，1981 年。线图和
尺寸承朝阳县博物馆杜守昌兄提供。

[17] 中国社会科学院考古研究所安阳工作队：《安阳孝民屯晋
墓发掘报告》，《考古》1983 年第 6 期。

[18] 田立坤：《三燕文化墓葬的类型与分期》，《汉唐之间文化
艺术的互动与交融》，文物出版社，2001 年。

[19] 集安县文物保管所：《集安县两座高句丽积石墓的清理》，
《考古》1979 年第 1 期。

[20] 吉林省文物考古研究所、集安市博物馆：《集安高句丽王
陵——1990 ～ 2003 年集安高句丽王陵调查报告》，文物
出版社，2004 年。

[21] 吉林省博物馆文物工作队：《吉林集安的两座高句丽墓》，
《考古》1977 年第 2 期。

[22] 吉林省博物馆文物工作队：《吉林集安的两座高句丽墓》，
《考古》1977 年第 2 期。

[23] 吉林省文物考古研究所、集安市博物馆、吉林省博物院：
《集安出土高句丽文物集粹》，科学出版社，2010 年。

[24] 吉林省文物考古研究所：《吉林帽儿山夫余墓地》，待刊。
照片承吉林省文物考古研究所宋玉彬所长允许使用，深
表感谢。

[25] 武威地区博物馆：《甘肃武威南滩魏晋墓》，《文物》1987
年第 9 期。

[26] 因笔者不懂英语，西方学者的研究成果都是通过国内学
者介绍间接了解一点；日文成果因用大量汉字，可粗知
大意，但又难以觅到，故在下面的介绍中从略。

[27] 柳涵：《北朝的铠马骑俑》，《考古》1959 年第 2 期。

[28] 武伯纶：《关于马镫问题及武威汉代鸠杖诏令木简》，《考
古》1961 年第 3 期。

[29] 杨泓：《关于铁甲、马铠和马镫问题》，《考古》1961 年第
12 期。

[30] 杨泓：《中国古代马具的发展和对外影响》，《文物》1984
年第 9 期。

[31] 孙机：《唐代的马具与马饰》，《中国古舆服论丛》，文物
出版社，1993 年。

[32] 齐东方：《中国早期马镫的有关问题》，《文物》1993 年第
1 期。

[33] 土铁英：《马镫的起源》，《欧亚学刊》第三辑，中华书局，
2002 年。

[34] 徐秉琨：《鲜卑·三国·古坟——中国朝鲜日本古代的文
化交流》，辽宁古籍出版社，1996 年。

[35] 王巍：《从出土马具看二至六世纪东亚诸国的交流》，《考
古》1997 年第 12 期。

[36] 田立坤：《高桥鞍的复原及有关问题》，《东北亚考古学论
丛》，科学出版社，2010 年。

[37] 田立坤：《论喇嘛洞墓地出土的马具》，《文物》2010 年第
2 期。

[38] 杨泓：《中国古代马具的发展和对外影响》，《文物》1984
年第 9 期。

[39] 穴沢和光、马目顺一：《安阳孝民屯晋墓の提起する问题
Ⅱ》，《考古学ジャーナル》第 228 期，1984 年。

[40] 申敬澈著、姚义田译：《马镫考》，《辽海文物学刊》1996
年第 1 期（申敬澈：《釜大史学》1985 年第 9 期）。

[41] 田立坤：《三燕文化墓葬的类型与分期》，《汉唐之间文化
艺术的互动与交融》，文物出版社，2001 年；田立坤：《袁
台子壁画墓的再认识》，《文物》2002 年第 9 期。

[42] 朱敬之七陵、禹山下 M41 出土的都是单镫，但是集安太王
王陵的使用年代是公元 414 年，禹山下 M41 比太王陵年
代更晚，此时双镫已经普及。两墓均已被盗，出土单镫
不能说明最初的随葬情况，所以这里没有将其视为单镫。

[43] 申敬澈著、姚义田译：《马镫考》，《辽海文物学刊》1996
年第 1 期（申敬澈：《釜大史学》1985 年第 9 期）。

[44] 吴晗辑《李朝实录中的中国史料》：成宗六年（明成化
十二年,1476 年）二月，"李克培启曰：'往时野人屈木为镫，
削鹿角为镳。今闻镫、镳皆用铁。'"野人指建州女真。

[45] 孙机：《唐代的马具与马饰》，《中国古舆服论丛》，文物
出版社，1993 年。

[46] （唐）徐坚等著：《初学记》卷二十二《鞍第七》，中华
书局，2005 年，第 537 页。

[47] 山东省博物馆、山东省文物考古研究所：《山东汉画像
石选集》，齐鲁书社，1982 年，图版一一二，图 256。

[48] 田立坤：《高桥鞍的复原及有关问题》，《东北亚考古学论
丛》，科学出版社，2010 年。

记北燕冯素弗墓出土的几件青铜器

刘 宁

辽宁西部以龙城（今朝阳）为中心，由慕容鲜卑建立有前燕、后燕、北燕（北燕是以后燕为基础，由鲜卑化的高云、冯跋所建立）政权，在三燕都城——龙城一带，发现许多三燕文化的墓葬，其中，北燕冯素弗及妻属墓（即一号墓和二号墓）是三燕时期极为重要的墓葬。冯素弗为北燕大司马、天王冯跋之弟，墓中出土遗物众多，包括陶容器、铜容器、漆器、玉器、玻璃器、铁工具、兵甲马具、仪仗车器、文具、印章和服章杂用等。从葬俗和随葬遗物上，可以明显地看出汉文化与慕容鲜卑文化之间相融共存的特点。画棺、星象和戴汉式冠弁人物的壁画、官印制度、金珰附蝉及墨、砚等文具显然都是汉文化因素；而东西向的椁室、头龛祭胙和壁画上的黑狗以及步摇冠饰等，则属于鲜卑文化传统。所出土的青铜器可分两类：一类为汉晋随葬的传统器物，如洗、铛、魁、尊和熨斗、镳斗等；另一类是独具特色的提梁容器，包括铁盖、铜腹、大镂孔高圈足的提梁盖镂及平底提梁镂、提梁罐、鎏金提梁小壶等，这些都生动说明了十六国时期这两种民族文化间的交流与传承过程[1]。本文结合相关材料，对冯素弗墓出土的部分青铜器略作分析，以求指正。

一 铜虎子

冯素弗一号墓同出两件青铜虎子，大虎子，伏虎状，管式口，鬣毛伸长为提梁，腋下出毛如双翼，又以细线刻划表示细部状态，全长38.6、宽12、虎口圆管径6.3、高23.3厘米（见本书158页）。小铜虎子做工较粗而颇为厚重，管口不规整，通身满布锉磨痕迹，器表有黑、绿色锈。长16.6、虎身最宽处7.7、高11.1厘米。这两件青铜虎子，一大一小，一精美细致，一粗糙草率，对比鲜明。

根据中国古代文献的记载，虎子的用途有亵器、清器、饮器、饮酒器、盛酒器、溲器、溺器等之说[2]，《西京杂记》卷四云："汉朝以玉为虎子，以为便器，使侍中执之，行幸以从。"又卷五云："李广与兄弟共猎于冥山之北，见卧虎焉，射之，一矢即毙，断其髑髅以为枕，示服猛也；铸铜象其形为溲器，示厌辱之也。"《西京杂记》的作者问题，一说是汉代刘歆所撰，一说为晋代葛洪，但无论作者是谁，这两条记载说明汉晋时期虎子的质地已有玉质及铜质之不同，也道出了虎子的用途和造型，"铸铜象其形为溲器"的铜虎子，应该是"像老虎的形象"的。

在考古发现的资料中，虎子这一类造型的器物最早见于春秋时期，而且在两汉魏晋南北朝时期的墓葬中多有发现，甚至在画像石上也有表现[3]，分布地域较广，从北到南均有考古出土的虎子造型的器物。虎子质地有陶、青瓷、铜、漆木等，其中陶瓷质地的虎子数量较多。春秋晚期至两汉时期，以铜虎子居多，且多具卧虎形，无太多的装饰。两晋南北朝时期，瓷虎子发现较多，以浙江越窑、瓯窑的青瓷虎子居多。虎子的形象也较简单，口、眼、鼻、耳及四肢已渐省渐消，不多见，但常见刻划的羽翼纹，造型从长圆的卧虎形到更多见圆形及茧形的虎身。随着考古出土的虎子不断被发现，在20世纪50年代学术界对各类虎子的名称、用途等问题就已进行了研究和争论，时至今日，已有许多学者从各个角度进行了探讨和研究[4]。本文以冯素弗墓出土的青铜虎子为主，结合考古及文献资料，从虎子的装饰纹样等方面，对有关细节进行探讨。

目前所知出土的青铜虎子，按年代顺序，试举例如下：

（1）江苏镇江谏壁王家山春秋晚期铜虎子[5]

器身椭圆，背上设半环形把手，流口椭圆，向上，底平，器身两侧分别铸中空蜷曲状的四足。通长26.8、通宽16.5厘米（图一）。

（2）湖北江陵张家山 M249 西汉早期铜虎子[6]

伏虎形，平底。虎头高昂，椭圆形大嘴，鼓目，半圆形耳，鼻尖平直，四肢蜷曲，长尾上卷与头部相连构成把手，尾尖回勾。长27.7、宽9.9、通高14.7厘米（图二）。

（3）陕西临潼新丰镇鸿门村西汉早期铜虎子[7]

虎子身呈长方形，管状流上翘，背上有提梁，平底。口径6.4、通高13.2厘米。

（4）广州汉墓 M4039 东汉早期铜虎子[8]

伏虎形，背有提梁，张口上仰，一侧已残破，无纹饰。长28.5、高14.5厘米（图三）。

（5）江西南昌塘山 M4 东汉早期铜虎子[9]

有盖，短颈，带细长把手，腹部椭圆，底间微

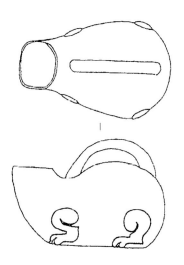

图一　镇江谏壁王家山春秋晚期铜虎子

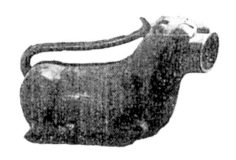

图二　江陵张家山 M249 西汉早期铜虎子

图三　广州汉墓 M4039 东汉早期铜虎子

凹。长35、高19厘米（图四）。

（6）北京顺义临河东汉晚期铜虎子[10]

卧姿张口，尾巴反翘于头部成为提梁。长24、高17厘米（图五）。

（7）山东临沂洗砚池 M2 西晋末或东晋早期铜

图四　南昌塘山 M4 东汉早期铜虎子

图五　北京顺义临河东汉晚期铜虎子

图六　临沂洗砚池 M2 西晋末
或东晋早期铜虎子

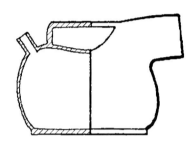

图七　镇江东晋墓 M7 东晋早期铜虎子

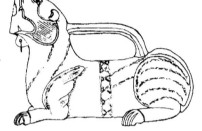

图八　南京富贵山 M4 东晋早期铜虎子

虎子[11]

圆口微上翘，扁平提梁，通体圆弧，前窄后宽，假圈足，平底。长 19.8、宽 12、高 13.8 厘米（图六）。

（8）江苏镇江东晋墓 M7 东晋早期铜虎子[12]

圆口，茧身，假圈足，扁平折角把手连于口、背之间，尾部斜置"管状注入器"，通体素面。通长 20.5、宽 13、高 12.4 厘米，尾管径 1.6、高 2 厘米（图七）。

（9）江苏南京富贵山 M4 东晋早期铜虎子[13]

虎头形，四肢弯曲成俯卧状，长尾，颔下垂环，背有提梁，前肢上部如翼形。器表饰细阴线刻划纹。长 21.4、宽 11.7、高 14.3 厘米（图八）。

在上述所记考古发现的青铜虎子中，基本以素面为主，最早的春秋时期的铜虎子，造型虽简单，却以简洁的线条勾勒，生动地表现出了蜷曲的四足。汉代的铜虎子大多以实用为主，虽文献中记其"铸铜象其形"，但所见铜虎子的实际形象，多以粗略

的圆雕表现出头及四肢的轮廓，蜷曲的四足及眼部，均以简略的手法进行勾勒，此外无太多的装饰，甚至到西晋时期四足已变成了圈足。从尺寸、造型及铸造工艺，可以看出此时期的铜虎子多是实用器。

铜虎子的尾部造型，在早期特别是汉代的铜虎子中，其尾部往往上翘至脑后，形成提梁，有的甚至做出尾尖回勾的生动形象，至两晋时期提梁与尾巴已出现分别表现的形式。冯素弗墓出土的这件大青铜虎子，尾部的造型最为奇特，长尾在两股之间伸向腹下，又从右股之前、腹股沟位置伸出，贴背向后至于尻部，然后高高翘起，尾端微甩向后。由口至尾通体中空。这种尾从腹下伸出、压于后臀的做法见于北齐。在北齐娄睿墓出土了 8 件石狮子，以标本 637 为例，表面较光，前腿直立，后腿曲卧，昂首向前，口衔铜方棍，尾压于臀下绕过后腿盘于腿上部，长 22、高 21.5 厘米[14]。冯素弗墓青铜虎子由口至尾通体中空的做法，也比较少见，上述例

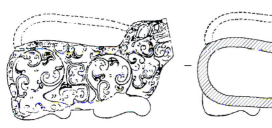
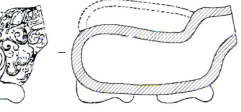

图九 长沙五里牌战国楚墓 M3 漆虎子

图一〇 新沂龙泉村 M4 东汉早期瓷虎子

图一一 江宁张家山西晋墓狮形青瓷插座

子中仅见于镇江东晋墓 M7 东晋早期铜虎子。

东晋早期南京富贵山 M4 的青铜虎子中，前肢出现了翼形纹，而且对虎纹也有了较多的表现。北燕冯素弗墓出土的大青铜虎子，应该说是最精美的一件，其细腻繁巧的装饰，空前绝后。虎子身上这种精巧繁杂的纹样装饰，在铜虎子中不常见，但在其他质地的虎子中却常见之。最早如湖南长沙五里牌战国楚墓 M3 中出土的一件漆虎子[15]，全器用两块木料拼成，雕刻出口、眼、耳、四肢，尾部上卷至脑部形成提梁，内外髹黑漆，以黄褐色彩绘云凤纹，通体纹饰装饰精美（图九）。1973 年江苏省新沂县唐店龙泉村 M4 东汉早期墓出土的一件黄绿釉瓷虎子，全身卧虎状，以细密的平行斜线表现虎纹，形象生动。长 25、宽 13、高 18 厘米[16]（图一〇）。这种斜线表现的纹饰做法还见于 1982 年江苏江宁县张家山西晋墓出土的 4 件狮形青瓷插座[17]，作狮形蹲伏状，昂首、圆目、翘鼻、龇牙，颔下有长须，

项脊微突起，鬃毛向两边分披卷曲，尾作蕉叶状，背上有一圆管，中有插孔。胎色灰白，通体施釉，釉色泛青。长 13.2~13.5、宽 6~6.1、高 8.6~9.4 厘米（图一一）。长沙五里牌的这件战国漆虎子，其纹饰虽源自楚器装饰的风格，但从中可知虎子之类的器物是可以以"文"修饰的。新沂唐店的东汉绿釉虎子，虽未有明确表现出羽翼的纹样，但其精美的装饰，特别是细线刻划的做法，应是六朝青瓷纹饰的滥觞。江宁张家山的西晋狮形青瓷插座，除了这种细线的做法外，在其前肢及腹侧已出现了卷曲的羽翼形状，北燕时期冯素弗墓青铜虎子羽翼纹应是上述这些修饰做法的综合及延续。

从目前所知材料分析，羽翼纹大致分为两种形式：

一是造型优美、线条流畅，似卷草纹的形式，这种羽翼纹从最早战国时期的神兽到西汉的辟邪及六朝王陵前的石刻，均可见其大同小异的造型。

另一种羽翼纹则是单线刻划的，比较粗率，似

乎是信手而为的形式。羽翼纹的形状及刻划手法却非常地一致，即在细线划出的羽翼形状内再戳点几排竖点，形成翅膀。在六朝动物造型的青瓷器上，多出现这种细线刻划的羽翼纹，羽翼纹多施于动物造型的腹部两侧，信手勾划，简洁而形象。

三国两晋南北朝时期，我国的青瓷制作进入了成熟阶段。江苏的南京附近、镇江一带及太湖周围的六朝墓葬中出土了大量的青瓷器，依器形、装饰纹样、釉质色泽等特点，分为东吴、西晋、东晋、南朝四个阶段，在这四个阶段的六朝青瓷器中，有许多带羽翼纹的动物形象，举凡羊、虎、蛙、犀牛、鹰、猛兽、辟邪等不一而足。这类带羽翼纹的青瓷中，以虎子、羊尊和辟邪的种类居多，这种带羽翼的青瓷制作，东吴时期已有，西晋大量出现，东晋渐少，至南朝时则不见[18]。

六朝青瓷是不以纹样取胜的，青瓷的装饰手法比较简单，多采用贴塑、透雕及模印的方式，使用动物形象做立体装饰。而刻划的技法在六朝青瓷装饰中，不占主要地位，这种刻划而成的羽翼纹却时常见之。同时，在贴塑的装饰手法中，许多青瓷辟邪也都是带羽翼的，只不过贴塑的羽翼纹似卷草形，不同于刻划而成的羽翼纹。在同一时期同一类器物上，同类纹饰采用不同的装饰技法，这种刻划的纹饰似应看作是贴塑技法的一种简化形式。

值得注意的是，不仅青瓷器上，六朝墓葬中出土的石猪身上，也常见这种刻划出来的羽翼纹。如南京老虎山晋墓 M3 共出石猪四只，其中出于女棺内死者腰部的两只石猪，作伏卧状，腹部两侧刻有双翼，背上刻有竹节形双线，线间刻有卷草。长10.8、高 2.7 厘米。而出于男棺死者腰部的两只石猪则无纹饰[19]。南京吕家山升平元年（357 年）李缉墓出土一件滑石猪[20]，四肢曲伏，头部前伸，眼圆睁，口微张，鬃毛在肩部卷曲成羽翼状。长 8.3、宽 1.5、高 1.8 厘米（图一二）。南京富贵山 M6 出

土的东晋晚期至南朝早期的一件滑石猪[21]，俯卧状，眼圆睁，张口露齿，两耳竖起紧贴颈部，神态机警凶猛。圆雕而成，全身用不同粗细的阴线刻划出猪毛，胁下刻成翼状。长 9.4、宽 1.9、高 2.55 厘米（图一三）。这种细线刻划及羽翼纹的风格均与南方六朝青瓷的风格相同，此类滑石猪在南京地区的六朝墓葬里多有出土。

追溯这种羽翼纹的起源，应与带翼神兽有关。从商周青铜器的装饰纹样上，就可以找到带翼神兽的形象。河北平山县战国时期中山国的错银神兽，山西太原出土的东汉石灯（灯盖上伫立一头带翼神兽）及汉镜、汉画像石（砖）上常见的羽人及汉代辟邪等形象中，常见这种羽翼纹。1999 年陕西省西安市灞桥出土一匹西汉粉饰彩绘陶翼马，长55、宽 19、高 39 厘米，身体两侧有贴塑的羽翼纹[22]。这件陶翼马在陶瓷制品中应该算是年代相对较早的一件带翼形象了，虽然它们舒展的双翼与六朝青瓷上刻划的羽翼形象不太一致。六朝陵墓石刻的带翼神兽，一直有传统升仙思想一说，而与神兽石刻同组的瓦棱状神道石柱，或认为这种瓦棱装饰来源于西方。追溯神兽渊源，应与中国古代的传统文化有关，这种带翼神兽在我国古代的艺术传统中是源远流长的，近年来，有许多学者对"有翼神兽"的来源及发展都有很好的论述[23]。

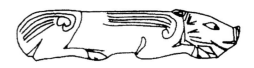

图一二　南京吕家山东晋李缉墓石猪

图一三　南京富贵山 M6 东晋晚期至南朝早期滑石猪

这种陵墓石刻身上的羽翼纹装饰应是用于一些很庄重的场所使用的器物上，为何简化的形式在六朝青瓷的一些生活用品或墓葬中的石猪身上出现？而且在辽宁地区的青铜虎子上装饰的这种翼纹，非简化形式，而是与陵墓石刻的翼纹几乎一致，且辽宁地区三燕时期墓葬出土的众多青铜器中仅发现这两件青铜虎子。魏晋南北朝时期，社会动荡、汉人南迁、玄学兴起、清谈之风、士家大族、地主庄园等等，风起云涌的社会背景下，神兽之庄重的场所的神化，生活用品之简化，加之固有的艺术传统，人们祈求吉祥、避除邪恶的心态，必然反映在其艺术创作上，造就了六朝青瓷中艺术形象的产生，将辟邪身上的羽翼纹简而化之，普遍地施于各类动物造型之上，作为墓内的随葬品，体现着当时的社会风尚与信仰。

二 铜熨斗

冯素弗墓地二号墓出土铜熨斗 1 件，较厚重，出土在石椁内南壁下。通长 30.2、盘径 13 厘米（见本书 113 页）。

晋人皇甫谧的《帝王世纪》里记："纣欲重刑，乃先为大熨斗，以火爇之使人举，辄烂手不能胜。……纣与妲己笑为乐"。到汉代已广泛使用熨斗熨烫丝织物品了，东汉许慎《说文解字》中，释"熨"为"持火以尉申缯也"。《太平御览》卷七一二《服用部十四》"熨斗"条，引汉代服虔《通俗文》："火斗曰熨"；又云：《三辅故事》曰：董卓坏铜人十枚，为小钱、熨斗。"晋时，用熨斗压烫衣物，熨斗已走进寻常百姓的家门。《晋书·韩伯列传》记："韩伯，字康伯，颍川长社人也。母殷氏，高明有行。家贫窭，伯年数岁，至大寒，母方为作襦，令伯捉熨斗，而谓之曰：'且著襦，寻当作复裈。'伯曰：'不复须。'母问其故，对曰：'火在斗中，而柄尚热，今既著襦，下亦当暖。'母甚异之。"从这段记载可

知，即便是当时的贫寒之家，使用铜熨斗也是平常之事。《太平御览》卷七一二《服用部十四》"澡盘"条，引杜预《奏事》曰："澡盘、熨斗，民间要用。"南朝梁简文帝《和徐录事见内人作卧具》诗："龙刀横膝上，画尺堕衣前。熨斗金涂色，簪管白牙缠。"诗中的熨斗则是指采用鎏金工艺精制的熨斗，不是一般的民间用品。

《魏武帝集》记："上胜所得顺帝赐物，铜熨斗二枚"[24]。《隋书·李穆列传》记载：隋文帝时，尉迟迥反于邺，当时穆在并州，文帝很是担心，为表示自己不会叛变，李穆让自己的儿子李浑入京，"穆遽令浑入京，奉熨斗于高祖，曰：'愿执威柄以熨安天下也。'高祖大悦"。《北史·李贤列传》也记载了相同的事件。可见熨斗这件寻常之物，亦有其非同寻常之用。

在古代绘画资料中所见的熨斗，莫过于北宋皇帝宋徽宗赵佶临唐代著名画家张萱的《捣练图》，画中二位妇女正在将一匹丝织物向两端拉紧，中间另有一女子，一手拿住丝织物的边幅，另一手提着熨斗，熨斗内盛有炽热的炭火，正准备熨烫丝织物。此画是唐人广泛使用熨斗的真实写照。据宋代张抡《绍兴内府古器评》记载："汉熨斗，此器颇与今之熨斗无异，盖伸帛之器耳"，说明熨斗的形制千百年间无大的变化。

考古发现及传世文物中汉魏时期的熨斗，用青铜铸造，宽口沿，有长柄，有的熨斗上还刻有"熨斗直衣"的铭文[25]。罗振玉《贞松堂集古遗文》卷十五所记东汉永元六年（公元94年）熨斗及曹魏太和三年（229年）熨斗均有自铭——"熨斗"。结合考古发现及著录，从西汉至魏晋时期的铜熨斗有两种，一类是常见的不带盖的铜熨斗，一类是带盖的铜熨斗。

第一类，不带盖的铜熨斗。

（1）长沙汤家岭西汉墓出土一件熨斗，敞口，

口沿外折，浅腹，底微向内凹，口沿及柄部细线刻几何形图案，内底墨书："张端君熨斗一"（图一四），墓葬的年代在汉宣、元帝时期[26]。

（2）1972年秋末，河北省邯郸市市郊张庄桥发现两座东汉墓，出土文物300余件，据同墓出土的鎏金银铜承盘盘口沿下刻"建武廿三年"（公元46年）铭文、一件铜镂铭文"永元三年"（公元91年）、一件铜洗铭文"永元四年"（公元92年）及玉衣残片，推测此墓为东汉初年的贵族墓葬[27]，墓主人应为东汉政权在赵地分封的诸侯王。其中M1出土了一套带支架、刻度的铜熨斗，熨斗青铜质，横长44、斗口径18.2、支架底径27、高51.7厘米。熨斗呈直柄勺状，斗平沿，缓平底，柄面平，铸有12寸刻度（图一五）。用一排3个圆圈表示1寸，9个圆圈呈菱形表示5寸，11个圆圈呈菱花形表示10寸，说明5寸是半尺，10寸为1尺，10寸合今20.1厘米，少于已知汉尺（汉尺在23~23.5厘米之间）。这种带刻度的熨斗国内出土很少，为重要实物资料[28]。

（3）1972年江西瑞昌的一座西晋古墓中，出土一件带柄的黄铜熨斗[29]，外形酷如一只有柄的平底碗，内径15、柄长20厘米。

（4）南京富贵山M4出土东晋早期铜熨斗一件[30]，折沿，侈口，近直腹，圆唇，平底。一侧有长柄，上平下圜。口径15.7、底径8.1、柄长23.9、高4.6厘米（图一六）。

（5）南京长岗村M5出土东晋晚期铜熨斗一件[31]，敞口，宽沿，斜直腹，平底。一侧附一龙首长柄，柄微上翘。口沿外有三周弦纹，内侧饰两组凹弦纹。口径16.6、底径11.8、高6厘米（图一七）。

第二类，带盖的铜熨斗。

（1）清末吴云编著的《两罍轩彝器图释》卷十二著录有魏太和三年一套两件器物（图一八），铭文作："太和三年二月廿三日尚方造铜熨人熨斗重廿四斤十二两第百六"。吴云测量为"器高今尺一尺七寸，底径八寸二分，重今库平二百二十六两。斗径五寸八分，深一寸八分，盖高一寸三分，柄长八寸二分，重今库平九十八两"。根据铭文，"太和三年"应为曹魏明帝曹睿的年号（229年）。"熨人"为喇叭形底座，柱身熊首的支架；"熨斗"为长柄圆盘平底器，其圆斗之上有疏孔之盖，与器相连，可以开合。斗盘加盖，保证了衣物在熨烫时不被斗盘中的炭火灰烬等物所污损。喇叭形底座上线刻的柿蒂纹是汉代铜镜中常见的装饰图案。根据这套器物上的自铭，及《北堂书钞》卷一三五《服饰部四》引《东宫旧事》云"皇太子纳妃有金涂熨人"所记，这种放熨斗的架子应称为"熨人"。

（2）江苏镇江东晋墓M10出土东晋早期铜熨斗一件[32]，原报告认为是一种"香熏"，球笼顶面突起呈博山状，球面镂空竖条纹，承盘盆状，置龙首长柄，柄下有钉状支撑。口径8.2、柄长12.4、高6厘米（图一九）。

（3）南京象山7号东晋早期墓[33]，墓中出一件不带盖的"铜熨斗"，斜宽口沿，圜底，一侧有长24厘米上平下半圆的柄。熨斗内深4.7厘米，尚残存有1.5厘米的黑灰（图二〇）。

同墓另有一件"铜熏"，带柄，博山式，熏身分上下两合，交接处各有宽0.8厘米的边，上有铆钉眼，上合镂孔，下合平底，在一侧有长11厘米的龙头长柄，柄下有一高1.5厘米的钉状支架。器内残留1.1厘米的黑灰（图二一）。这应是一件带盖的铜熨斗。东晋墓里出土的铜香熏一般有三足，下承盘，则是另外一种不同的造型。

考古出土魏晋时期的器物中，有与铜熨人造型类似的陶制品，或单出，或与长柄圆盘平底（或圜底）陶器伴出，发掘报告一般认为是灯架与灯盏。如：洛阳曹魏正始八年（247年）墓[34]，标本M35：17，灯座作覆碗状，柱身，柱头上端作蹲立的熊状，熊

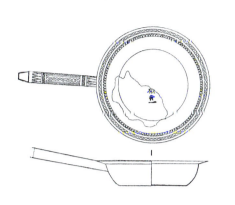

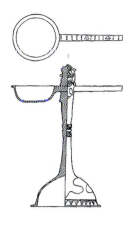

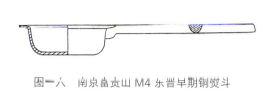

图一八　南京晶贡山 M4 东晋早期铜熨斗

图一四　长沙汤家岭西汉墓
　　　　张端君铜熨斗

图一五　邯郸张庄桥东汉墓
　　　　M1 铜熨人熨斗

图一七　南京长岗村 M5 东晋晚期铜熨斗

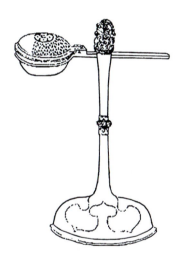

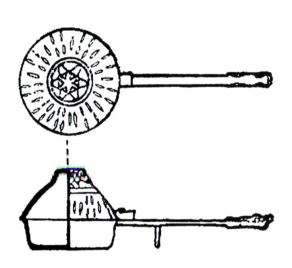

图一八　魏太和三年铜熨人熨斗

图一九　镇江东晋墓 M10 东晋早期铜熨斗

图二〇　南京象山 M7 东晋早期铜熨斗

图二一　南京象山 M7 东晋早期铜熨斗

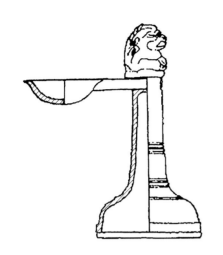

图二二　洛阳曹魏正始八年墓出土

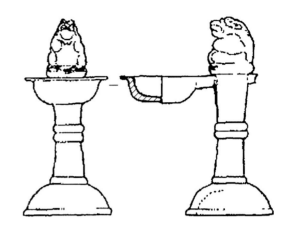

图二三　偃师杏园村西晋墓出土

身下有孔插入长柄瓢形圜底灯碗，柱及座有凹凸弦纹八周，高 19.5 厘米（图二二）。河南偃师杏园村西晋墓[35]，编号 M34：58 与 M34：9 为两套相同的器物，通高 25.5 厘米，与正始八年墓器物基本相同。不同的是：灯架所承托的是长柄圆盘平底器（图二三）。这几件陶器的造型是仿铜熨人的，而它所承托的长柄圆盘无足器，却有平底与圜底之分。因此曹魏正始八年墓所出的这套器物，其圜形底不适宜熨烫衣物，无论它是实用器，还是明器，应为灯具更确切、实用，或者说它所仿的铜器应具有灯具的功能。因此，这种器物兼具熨人与灯架（灯座）的双重功能，它所承托的器物亦具熨斗或灯盏两种用途。其高约 20~50 厘米，作为座灯使用，既可以放在室内低矮的家具上，亦可置于地上，所具的长柄又可作为行灯使用。有关"熨人"的考证及熨斗与灯具之间的关系，已有拙文论述[36]。熨人所流行的时间在东汉初年至西晋，随着室内家具的增高，使用座灯也就不需要有较高的支架，因而熨人也就完成了它的使命，退出了历史舞台。从南京东晋早期墓葬中出土的带盖熨斗可看出，随着熨人的退出，制造者巧妙地在熨斗的长柄下做出钉状支架，解决了平放的问题。

从古人诗词中所反映的生活场景看，熨衣之事与燃灯常常是相关不可分的。如唐朝白居易《春早秋初因时即事兼寄浙东李侍郎》诗云："理曲管弦闻后院，熨衣灯火映深房"，唐《王建诗》八《宫词》之三六："每夜停灯熨御衣，银熏笼底火霏霏"；宋朝苏轼《四时词》："象床素手熨寒衣，烁烁风灯动华屋"。特别是《宫词》所讲的"停灯熨衣"之事，更明确地描述了灯具与熨斗一器两用的场景。同时，带盖的铜熨斗，不仅可以防止斗盆里的炭火灰溢出污染衣物，亦可作为焚香的香熏使用，如上述镇江地区东晋墓出土的铜香熏，镂空的香熏盖与铜熨斗盖如出一辙。可以想象，在闺房熨衣时，往熨斗的炭火里加入一些香料，袅袅的香气缓缓从孔中散出，闺房一片温馨。明代蒋一葵《尧山堂外纪》卷八十《国朝》载明人瞿佑（字宗吉）《熨斗》诗："有柄何曾把酒浆，随时用舍属闺房。斡旋天上阳和气，平贴人间锦绣香。翠袖卷纱移玉钏，金篝分火近牙床。衣成远寄征夫去，印颗何时肘后黄？"以奇特的夸张、丰富的想象，介绍了熨斗的形状、用途，卷翠袖，牙床熨衣的香气扑面而来。

冯素弗一号墓铜"熨斗"（M1：135）出土时盘内有黑色油垢及线缕残迹，当是燃烧过的灯的油捻。

图二四　朝阳大平房北燕壁画墓陶熨斗

同时，日本和朝鲜古坟出土的此形器物中，也多有燃过的油捻[37]，可以确定此物是作为灯具使用的。这种残存的燃灯后的痕迹，笔者推测它可能是墓中燃点的长明灯，墓葬被封闭后，遗留下了燃灯的痕迹。此外，从出土的此类器物的尺寸考察，冯素弗一号墓出土的铜"熨斗"底薄仅0.1厘米，如果放置炭火，导热迅速，熨烫衣物，特别是丝帛之类的衣服，应是不适用的，做灯具使用更合适一些。而器体比较厚重的似更为适用于熨烫衣物。

冯素弗墓二号墓出土的铜熨斗，较厚重且无使用痕迹，推测是随葬的明器。熨斗作为明器随葬，有陶质的，如朝阳大平房北燕壁画墓出陶熨斗一件[38]，平口，方唇，浅盘圜平底，直柄。口径8.3、柄残长18.3厘米（图二四）。随葬熨斗质地的不同，应是墓主人生前地位的一种反映。

三　铜杆头

对三燕都城——龙城一带三燕墓葬及其遗存研究的文章已有很多，但对三燕墓葬中出土的一种"铜杆头"却注意不够。

在辽西地区三燕墓葬中发现的此类器物有以下几个地点：

（1）北票西官营子北燕冯素弗及妻属墓

一号墓出土6件。报告作"鎏金龙首铜杆头"。铸制，外壁鎏金。其中5件器形基本一致，高16.5~16.9厘米，另1件高18.1厘米。器形如钩，中空的直柄，首部弯曲如钩，端部铸出龙首。龙吻下穿缀可以转动的铜丝拧环，以备系物，下有圆銎以插杆。其中5件杆头的扁盘是平面，即盘与杆的方向垂直，另1件扁盘是斜面，上倾一个角度（见本书147页）。

同出有鎏金铜镦和杆足，3件。铸制。器形为直壁式小圆筒，平底。为仪仗杆足处外之护件，作用如戈、矛之镈、镦。发现时镦内存杆足朽木一段，杆足周围缠麻缕，为装镦塞实之用。底径2、高约3.5厘米（见本书146页）。

二号墓出土龙首铜杆头4件。铸制，无鎏金。出于椁室东部石底上，3件在北壁下叠压出土，1件出木棺下，都是头东銎西。形状较一号墓所出的略小，龙首突出，独角清晰。

关于铜杆头的用途，冯墓发掘简报认为，古代车上建旗，有正竖与邪注（插）两种。《晋书·舆服志》："车坐乘者谓之安车，倚乘者谓之立车，亦谓之高车。""立车则正竖其旗，安车则邪注。"邪注谓斜插旗杆。邪注的旗座銎部必然要向外倾斜一个角度。又《汉书·霍光传》："载光尸柩以辒辌车。"颜师古注曰："辒辌本安车也，可以卧息。后因载丧，饰以柳翣，故遂为丧车耳"。而"安车则邪注"，因此认为冯墓出土的一对铁旗座可能是丧车（辒辌车）上的"邪注"旗座，出土的铜杆头则与"邪注"旗座有关，应是旗座上所插旗杆的杆头饰件。说明冯素弗殡葬载棺可能是用了一种专用的丧车"辒辌车"，从杆头和有关铁质部件（如棺环、棺钉、旗座）的金饰，可想见丧仪的煊赫，体现着北燕政权对汉文化丧葬制度的继承。

（2）朝阳八宝 M1

出土 5 件[39]，报告作"铁杆头"，在棺外侧顺置，头端向北。锻制，4 件大 1 件小，形制相同。上端弯作钩状，钩端上翘，锻打成扁平的圆形，中心穿一个小孔，用以系物；下端作圆銎，銎内黏有朽木屑。通长 14.2~15.5、钩端 6.7~8 厘米（图二五）。此墓保存完整，未遭破坏，墓主人为北燕一代的鲜卑贵族。

（3）朝阳袁台子前燕壁画墓

出土 1 件[40]，报告作"钩形铁杖饰"，认为当是杖首钩。锻制。一端有圆銎，銎内有残木柄，一端弯曲呈钩形，末端有圆面，面中有孔，可系物。长 17、宽 10 厘米（图二六）。出土时位于墓室东壁的南端。

类似形制的器物，在我国北方地区的一些较大型墓中，也屡有发现，其钩端多作龙（螭）首，更有制作甚精的鎏金铜杆头。列举如下：

（1）酒泉丁家闸 M1 出土 1 件[41]，报告作"铜帐钩"，无详细文字说明（图二七）。该墓葬的年代为东晋十六国时期，墓主人应为河西五凉之一的镇军将军。

（2）内蒙古呼和浩特美岱村 1 件[42]，报告作"铜钩形器"，表面有鎏金残迹，上部弯曲成龙头形，龙首的舌状前端铆有小钉，可以悬挂垂饰；下部有銎，内残留有朽木。通长 16.5 厘米（图二八）。此墓为北魏时期鲜卑贵族的墓葬。

（3）甘肃张家川大赵神平二年墓出土 5 件[43]，报告作"铜幡首"，长 13 厘米，上部弯曲成龙头形，舌部前端有小孔可悬挂垂物；下部有銎，銎边穿两小孔相对，孔内残留锈铁钉。龙首雕镂耳、目、鼻、舌，造型别致（图二九）。此墓出土墓志两块，知墓主人是王真保，墓志末尾有"大赵神平二年岁次己酉十一月戊寅朔十三日庚寅记"题款，"大赵神平"不见于史书，据墓志，神平二年是王真保死后获得追赠和埋葬镌志的年代，据史料推测年号"神

平"的"大赵"建立于北魏永安元年（528 年）。据志文王真保曾"策授广武将军城都侯"，"自魏道历终，大赵应期，寻仁恋德，望坟追赠，加使持节大都督西道诸军事骠骑大将军司徒公天水郡开国公太原王。"

（4）河北景县北魏高氏墓出土 4 件[44]，报告作"铜帐首"，长 13 厘米，上部扁平作龙首状，下部有圆銎，制作精细，玲珑规整（图三○）。此墓为天平四年（537 年）高雅夫妇子女合葬墓，编号为景高 M13。墓主人是高雅及其妻司马氏（司马金龙之孙女）、次子高德云、长女北魏孝明帝嫔高元仪，高雅见于《魏书·高祐传》及《北史·高允传》，北魏末年，官至定州抚军府长史，死于熙平三年（518 年），东魏天平四年，追赠散骑常侍、冀州刺史，"诏书"改葬。高雅墓出土的器物，一般都比较精致，并出有仪仗俑。

（5）山西大同沙岭北魏壁画墓出土 1 件（M7：17）[45]，报告作"铜帐钩"，最宽处 7.9、高 13 厘米。铜质，表面有绿锈。弯钩，钩头作龙首状，中心有一小圆洞，以便系绳之用（图三一）。尾部中空可插柄，里面残留木屑，内直径 1.4 厘米。位于墓室的西北角。墓主人是死于北魏太武帝太延元年（435 年）农历四月二十一日的破多罗太夫人，其子的官职是侍中、主客尚书、太子少保、平西大将军。破多罗部是鲜卑的别种，是道武帝拓跋珪天兴四年（401 年）抑或太武帝拓跋焘始光四年（427 年）迁到北魏首都平城的[46]。

此外，江西瑞昌马头晋墓出土 1 件[47]，报告作"铜杆头"，长 12 厘米，圆锥形，内空留有木屑，近銎端有一道凸起绳纹及铆钉眼。墓葬年代为西晋前期。遗憾的是发掘报告中未附器物图，仅从文字分析，这似乎也应是一件与北方相似的"铜杆头"。

从上述考古资料看，这种杆头有铜质及铁质之分，形状基本可分为两种，一是铜杆首的龙头上翘，

图二五　朝阳八宝北燕 M1 铁杆头

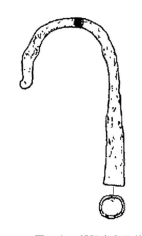

图二六　朝阳袁台子前燕
壁画墓铁杆头

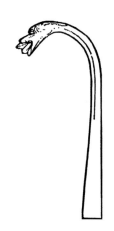

图二七　酒泉丁家闸东晋
墓铜杆头

图二八　呼和浩特美岱村北魏墓铜杆头

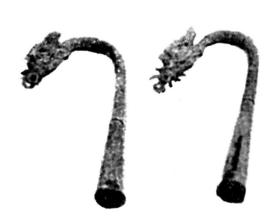

图二九　张家川大赵神平二年墓铜杆头

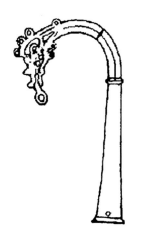

图三〇　景县北魏高氏墓铜杆头

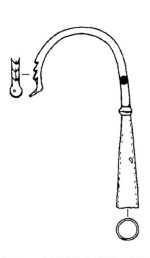

图三一　大同沙岭北魏壁画墓铜杆头

一种是龙首下垂。共同之处是在龙口内舌部的前端均有小孔，或留有小钉，或垂有拧丝的小连环，可悬挂垂物，铜质杆首的小连环亦有用铁丝拧成的。其中以冯素弗墓出土的质量最好（鎏金）、数量最多。

这种"鎏金龙首铜杆头""铁杆头""钩形铁杖饰""铜帐钩""铜钩形器""铜幡首""铜帐首""铜杆头"等等不同的称呼，表明对此类器物的用途亦是众说纷纭，卢兆荫先生在《略论两汉魏晋的帷帐》[48]一文中据《晋书·桓玄传》记载帐的"四角作金龙"，且辽阳上王家村晋墓壁画中的帐[49]、冬寿墓壁画中的斗帐[50]，帐角就饰以金龙，认为这种龙形铜帐构虽然不是龙的全形，但也可能是装置于斗帐四角的饰物。周一良先生《关于帐构》文中也认为这种器物"似也属于帐构的部件"[51]。而且从上述考古报告对此类器物的称呼中，亦可见也有发掘者认为此类器应是属于帐构的部件。笔者不赞同这种观点，试析如下：

杨泓先生在《谈中国汉唐之间葬俗的演变》一文中提到：在墓室前堂设奠的习俗，已见于洛阳烧沟东汉时期的墓葬中，当曹魏节葬禁于坟上立祠等后，对墓内设奠则更受人重视，并开始安置床帐[52]。墓内设帐，必然会有相应的帷帐构件、帐础等的遗存[53]。在朝阳袁台子前燕壁画墓中，有明显的设帐致奠的遗存，即在墓室当门处安放一平顶小帐，四角用鎏金铜帐构，帐柱下有方形石础，即帷帐座。帐内放一张漆案，案上放置瓷碗、钵和漆盒、勺等14件食具[54]。同样，冯素弗一号墓同出有铁质的四通管4件，锻制，两铁管斜十字相交，中铆以铁钉，钉下垫圆形托片。管内残存木质。长19.5、管径2.2厘米。还有鎏金铜构件15件，是固结横竖两木杆的丁字形包件，长5.2厘米。虽然此墓中的器物大部分因被先期取出，其具体位置已难以复原，但这些铁质及铜质的管件应该是帐帷的构件。冯素弗二号墓亦出有铁四通管4件，其中3件出于椁室西部

人骨和陶器附近，较完整，1件出于盗洞口，形制和一号墓所出的相同。这些也应是墓内设奠的帷帐遗存，显然墓中所出的铜杆首应与帷帐构件无关。

笔者曾仔细观察辽宁省博物馆所藏的这几件铜杆头，冯素弗墓所出的6件鎏金铜杆头，鎏金多有脱落，杆头的銎口铸造并不规范，器壁厚薄不一；二号墓冯素弗妻属墓所出的4件铜杆头，均未鎏金，大小形制，特别是杆头龙首的造型基本一致，加之出土于冯素弗妻属墓中，似是专门用于随葬。

再从杆头出土时在墓室内的位置看：冯素弗二号墓出土的4件龙首铜杆头，出于椁室东部石底上，其中3件在北壁下叠压出土，1件出于木棺下，都是头东銎西。朝阳八宝M1出土的5件铁杆头，在棺外侧顺置，头端向北。河北景县北魏高氏墓出土的4件，位于主室西部墓主人高雅及其妻棺木处。山西大同沙岭北魏壁画墓出土的1件，位于墓室的西北角。可见杆头在墓室内的位置并不固定，往往是集束在一起出土，并不分散，且从出土的数量来看，从一件至六件不等，似乎无法构成帷帐的用法。

因此，此类杆首器不应是帐构的部件，从出土实物看，这类器物均有圆銎，銎内或残留有木屑或木柄，冯素弗二号墓的1件杆头銎内木杆存长为60厘米。而且冯素弗一号墓出土杆足鎏金铜护件即铜镦3件，发现时镦内存杆足一段，为仪仗杆足处之外护件，作用如戈、矛之镈、镦。此类器物应是仪仗长杆的杆头饰件，杆头系垂之物，即应是旌幢流苏之类。

关于此类杆头的具体用途，一是用于车上建旗。

据文献记载慕容鲜卑在慕容皝时期，大臣"封弈等以皝任重位轻，宜称燕王，皝于是以咸康三年僭即王位，赦其境内……起文昌殿，乘金根车，驾六马，出入称警跸"[55]。即前燕时期已开始乘金根车，驾六。慕容鲜卑的车舆制度秉承汉制，蔡邕《独断》卷下云："上所乘曰金根车，驾六马，有五色

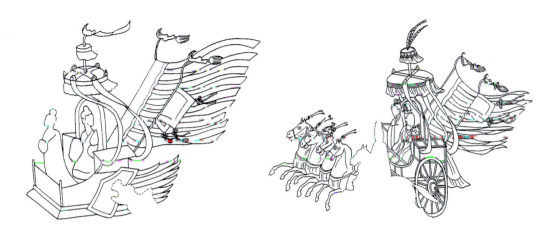

图三二　《洛神赋图》中的龙辂及驾四马辂的车上建旗

图三三　敦煌莫高窟 296 窟隋代壁画
龙辂上的龙首杆头

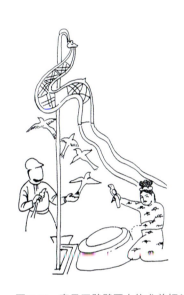

图三四　高昌回鹘壁画中的龙首杆头

安车、五色立车各一，皆驾四马，是为五时副车。"按《晋书·舆服志》的记载："车，坐乘者谓之安车，倚乘者谓之立车，亦谓之高车。案〈周礼〉，惟王后有安车也，王亦无之。自汉以来制乘舆，乃有之。有青立车、青安车、赤立车、赤安车、黄立车、黄安车、白立车、白安车、黑立车、黑安车，合十乘，名为五时车，俗谓之五帝车。天子所御则驾六，其余并驾四。建旂十二，各如车色。立车则正竖其旂，安车则邪注。"天子驾六的车上建旂，无论是正竖还是邪注，必然会涉及旗杆及悬挂旗幡。

冯墓报告中提到丧车（辒辌车）上的"邪注"旗座旗杆的杆首饰，其形象见于传顾恺之《洛神赋图》车上有"邪注"的旗斜伸车后，旗杆杆首即是这种龙头的形象（图三二）。此外，在莫高窟 296 窟隋代壁画的龙辂上，也有龙头形杆首的图像[56]（图三三）。类似的龙首形旗杆饰还见于高昌回鹘时期柏孜克里克木头沟二区 3 窟的佛教故事壁画[57]，旗杆的龙首下悬挂一长条的旌（图三四），时代已经比较晚了。

二是用于卤簿仪仗。

河北磁县湾漳北齐壁画墓墓道东西两壁的壁画各描绘了 53 个人物[58]，他们排列有序，组成东西仪仗队列。发掘者将全部 106 人所执器物分出 22 类仪仗，其中与北燕冯素弗墓等所出杆首相似的仪仗有以下三类：

E 类仪仗，共 2 人执，即东壁第 7 人和西壁第 7 人。

"黑色长杆，上端有一几字形钩，钩上悬挂一面朱红色窄长幡旗，旗垂曳于持杆人身后。杆下端呈尖锥状。东壁第 7 人执仪仗通长 244.5 厘米"（图三五）。

L 类仪仗，共 2 人执，即东壁第 20 人和西壁第 20 人。

"杆朱红色，上端有一几字形兽首钩，钩上挂窄幅朱红色幡旗，旗面长垂至执仪仗者身后。此仪仗与 E 类仪仗比较接近，但挂钩相异。西壁第 20 人执仪仗，通高 270.1 厘米，旗长 155 厘米以上"（图三六）。

W 类仪仗，共 2 人执，即东壁第 42 人和西壁第 42 人。

"上端为一兽首形挂钩，挂钩兽首衔挂一朱红色长幅，通幅面绘神兽。东西壁仪仗上所绘神兽不一，西壁仪仗上的白虎形象较清晰，东壁仪仗上神兽已模糊。幅面随风自然飘卷，垂至执仪仗人的身后……东壁第 42 人执 W 类仪仗，通高 280.2 厘米"（图三七）。

从考古报告的彩色图版看，东壁第 7 人所执的是上红下黑色的长杆，西壁第 7 人所执的是红色的长杆，但长杆上"几字形钩"的颜色不同于长杆，是一种金属光泽的黄色，长杆的底部有一尖筒形的护套。东壁第 20 人所执的是红色的长杆，长杆上"几字形兽首钩"的颜色也是一种不同于长杆的金属黄色。东、西壁第 42 人所执杆首情况亦是如此，不同在于所执的长杆旁还有一似起加护作用的短杆，

一起被执杆人握在手中。报告者认为，此仪仗兽首形挂钩与出自甘肃张家川大赵神平二年（528 年）王真保墓中的 5 件标本相似。

从上述材料分析，笔者认为报告中所称的 E、L、W 这三种仪仗杆首挂钩，均是与考古所出铜（铁）杆头一致的器物，其用途在这几幅北齐墓壁画中得到了很好的反映，且杆首悬挂的长幅，扬之水先生认为是仪仗队中的旌[59]，旌在先秦即已出现，其式细而长，系用羽毛编缀，通常用来指挥。不过汉代以来，旌已由羽旗易作帛旗，唯细而长的形制不变。传世摹本顾恺之《洛神赋图》所绘，即其例（图三八）。南北朝时期的文献中，旌即常常以麾为称。唐代旌仍沿此制，《新唐书·舆服志》："大将出，赐旌以专赏，节以专杀。旌以绛帛五丈，粉画虎，有铜龙一，首缠绯幡，紫绁为袋，油囊为表。"作为卤簿仪仗旌表覆以油囊，在实战中已很少再作指挥之用。除"粉画虎"的记载外，从东、西壁第 42 人所执仪仗上看，应分别绘有青龙、白虎的图案。

河北磁县湾漳北齐壁画墓是近年来魏晋南北朝考古的一项重大发现，该墓规模宏大，出土了大量制作精美的陶俑及其他随葬品，墓中壁画是已知北朝壁画墓中绘制水平最高的，生动反映了当时的仪卫、丧葬制度和社会生活、服饰、绘画艺术等情况。据分析，该墓很可能是北齐文宣帝高洋的墓葬。东魏北齐是鲜卑族或鲜卑化汉人的政权，基本上继承了北魏孝文帝力行汉化政策而创立的一套新官制。北燕官制是继承汉晋官制的，官爵名号基本一致。冯素弗又具有很高的政治地位，素弗卒，冯跋"哭之哀恸。比葬，七临之"。《资治通鉴》卷一一六叙及此事时，胡三省注："古者大臣卒，君三临其丧"。这说明冯跋对素弗之死的重视和"哀恸"之深切，"七临之"已经超过了常制，其采用的丧仪，更可知其至高无尚。

此外，据《太平御览》卷七〇一《服用部三》

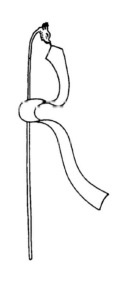

图三五　磁县湾漳壁画墓
东壁第 7 人所执
的 E 类仪仗

图三六　磁县湾漳壁画墓
东壁第 20 人所执
的 L 类仪仗

图三七　磁县湾漳壁画墓
东壁第 42 人所执
的 W 类仪仗

图三八　顾恺之《洛神赋图》
中的旌

引《东宫旧事》云："太子纳妃，有丝布碧里步障三十，漆竿，铜钩"，或许用于丝布碧里步障的漆竿铜钩也是如上记载的这种铜杆头。

四　铜魁

考古发掘所见的铜魁资料有限，这类器物在墓葬中并不常见。以辽宁地区汉晋时期的墓葬为例，目前有关铜魁的发现列举如下：

（1）朝阳袁台子前燕壁画墓

出土 1 件[60]，敞口、圆唇、凸底、矮圈足。口缘一侧接螭首曲柄。口沿下有两道、腹部有四道凸弦纹。口径 22.7、柄长 9.5、通高 15 厘米（图三九）。魁内存六节羊脊椎骨。此墓室的西壁前部，还绘有一幅"奉食图"，一列七人。第六人方圆脸，黑帻，着方领橙色短衣，领边袖口镶黑边，腰系带飘垂于身后，黑裤、黑鞋，左手提魁，右手提勺。在墓室东壁后部的"膳食图"中，俎案旁绘盛酒菜的方盘、樽、魁等器。壁画中的魁形器，基本可见为圆体曲柄或直柄，与考古出土的铜魁不完全相同，

比较简化（图四〇）。

（2）锦州市区李廆墓

出土 1 件（M1：4）[61]，侈口、深腹、平底微凸，一侧有曲柄。底置三乳足。口径 19.6、柄长 6、高 7.6 厘米（图四一）。李廆墓出土刻有"燕国锦乡李廆永昌三年正月廿六日亡"15 字的墓表，永昌三年实为东晋明帝太宁二年（324 年）。应是属慕容廆时期墓葬。

（3）锦州刘龙沟乡砖室墓

出土 1 件，侈口、圆腹、平底微凸，底有三乳头式矮足，一侧有曲柄，柄端作螭首形。口径 24.7、柄长 8.5、高 12、足高 2 厘米（图四二）。

（4）锦州市安和街石室墓

出土 1 件，侈口、圆腹、平底微凸，底有三乳头式矮足，一侧有素面曲柄。口径 21.2、底径 8、柄长 6、器高 7、足高 0.4 厘米（图四三）。

刘龙沟与安和街墓葬的年代均为前燕时期[62]。

（5）朝阳北票喇嘛洞前燕墓

喇嘛洞Ⅰ M17 出土 1 件[63]，口微侈、圆唇内外

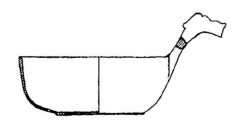

图三九　朝阳袁台子前燕壁画墓铜魁

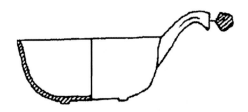

图四一　锦州前燕李廆墓铜魁

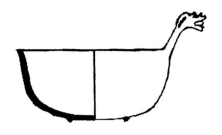

图四二　锦州刘龙沟乡前燕砖室墓铜魁

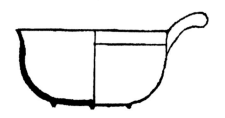

图四三　锦州安和街前燕石室墓铜魁

图四四　北票喇嘛洞前燕ⅠM17铜魁

图四〇　朝阳袁台子前燕壁画墓壁画的魁形器

两侧分别有一道弦纹和凹槽，平底，一侧接螭首曲柄。口径24、通高14.3厘米（图四四）。

（6）朝阳后燕崔遹墓

出土铜魁1件[64]，柄作螭首，圜底，内盛鸡骨。口径20、高7.4厘米（图四五）。

（7）北燕冯素弗一号墓

出土1件，柄铸螭首，眉目略具，吻前伸，唇上翘，张口露上下两排巨齿，顶上一独角。通长33.5、通高15.3厘米（见本书151页）。

（8）朝阳袁台子北燕墓

出土1件[65]，器壁较薄，口微侈，平底，内底下凹，外壁口沿下有凸弦纹两道，腹下部饰凸弦纹一道。腹部一侧置柄，柄端作螭首。口径23、通柄长31.7、腹高9.7、通柄高15.5厘米（图四六）。

从上述辽宁地区发现的三燕时期的铜魁资料看，器柄有两种形式，一是螭首式曲柄，一是素面曲柄；器底的形式有三种，圜底、矮圈足及三乳矮足。类似素面曲柄、三乳矮足的器物亦见于山东临沂洗砚池M1西晋末或东晋初的2件铜魁[66]。器形、大

图四五 朝阳后燕崔遹墓铜魁

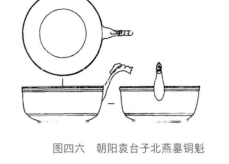

图四六 朝阳袁台子北燕墓铜魁

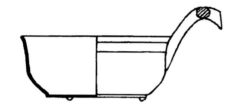

图四七 临沂洗砚池西晋末或东晋初 M1 铜魁

图四八 辽阳旧城东门里东汉墓陶魁

小相同。敞口，深腹，平底，下附三乳足，口沿一侧有一曲柄。内壁口沿下饰三周凹弦纹，外壁口沿下饰两周凹弦纹。M1 东：45，口径 20.6、底径 13、高 8.2 厘米（图四七）。

汉晋时期铜魁的基本形制，或圆或方或椭圆的器身，无三足，最主要的一个特点就是曲柄，柄首多为龙首形[67]。关于魁的名称来源，王振铎先生从历史文献记载、文字训诂结合考古出土资料，对魁的名称来源、定名及器物发展都做了很好的阐释[68]。据文献记载，《续汉书·舆服志（上）》："后世圣人观于天，视斗周旋，魁方杓曲。"《春秋纬》注曰："瑶光第一至第四为魁，第五至第七为杓，合为斗"。又《晋书·天文志（上）》："北斗七星在太微北，七政之枢机，阴阳之元本也。故运乎天中，而临制四方，以建四时，而均五行也。魁四星为旋玑，杓三星为玉衡。又曰，斗为人君之象，号令之主也。又为帝车，取乎运动之义也。又魁第一星曰天枢，二曰璇，三曰玑，四曰权，五曰玉衡，六曰开阳，七曰摇光，一至四为魁，五至七为杓。"说明魁的

形制应是取像北斗的形状。

魁是形似北斗的带柄大碗，据考古资料所见最早是湖北蕲春毛家嘴出土的西周木魁，形制简单原始，曲柄上翘而无龙首装饰。汉代魁出土较多，有铜魁、陶魁及仿漆器的陶魁，出土实物如广西合浦望牛岭的西汉青铜龙首魁[69]，广州市大元岗西汉晚期墓出土的龙柄陶魁[70]，等等。汉代魁的形制基本是一致的，器体多呈圆形，龙首的制作一般都很精致。

值得注意的是，在辽宁地区东汉时期墓葬中，所出土的陶器中有一种与素面曲柄的铜魁形制相似，发掘报告称其为"陶魁"。如辽阳旧城东门里东汉中期略晚墓出土陶魁 1 件[71]。呈桃形，深腹，平底，后部有截面为八棱形的短柄，柄略后弯。通长 18、宽 20、高 5.7、壁厚 0.3 厘米（图四八）。

辽阳南郊街发现三座东汉晚期墓[72]，其中 M1 出土陶魁 2 件。标本 M1：76，泥质黑灰陶，手制。平面呈椭圆形，略呈桃形。敞口，深腹，平底，后有截面大致呈三角形的短柄，柄首弯曲。通长

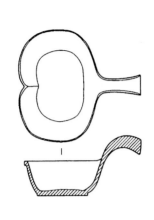
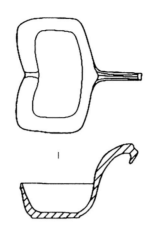
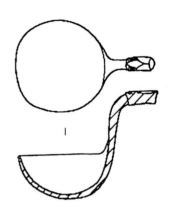

图四九　辽阳南郊街东汉晚期
　　　　M1 陶魁

图五〇　辽阳南郊街东汉晚期
　　　　M2 陶魁

图五一　辽阳南郊街东汉晚期
　　　　M2 陶勺

17.5、横宽 15.7、深 5.2 厘米（图四九）。

M2 出土魁 1 件，标本 M2：13。泥质灰陶，手制。平面呈桃形，弧腹，平底，器腹前方正中有一条内凹的分隔线。其后沿附一细长柄，形似鸟头。口长径 13.3、短径 9、通高 9 厘米（图五〇）。同墓出土陶勺 1 件，标本 M2：53。泥质灰陶，勺体呈半球形，柄上翘为龙头状，曲柄及柄首的形状与魁柄相似。口径 7.7、深 3.3、通高 9 厘米（图五一）。

上述三件陶魁形制大体相同，均呈桃形，长柄的形状不尽相同，有棱柄、似铜魁的素面曲柄及柄首回勾的三种。而南郊街的陶勺，柄部呈龙头状，却是一种似陶魁龙头柄首的形制。可见魁一类的器物发展到东汉晚期至魏晋时期，其陶制与铜制的器物，在形制上已发生了变化，出现了桃形器体，素面曲柄，甚至出现三乳足。或可认为此时期圆形器体的"魁"应称为"勺"更合适。袁台子前燕壁画墓的壁画上，应是陶魁或陶勺的形象。

铜魁底下出现的三乳状矮足，在三燕时期的其他青铜容器上也有发现，如喇嘛洞 II M196 鹿纹三足铜罐、喇嘛洞 I M17 三足铜盆[73]。

魁是一种较常用的饮食器具，汉代多见陶魁，也有铜魁使用，在民间则用榆木做魁，北魏贾思勰《齐民要术·种榆》："十年之后，魁、椀、瓶、榼、器皿，无所不任"。关于铜魁内所盛之物，《说文·斗部》："魁，羹斗也"。段玉裁注："斗，当作枓……枓，勺也，抒羹之勺也"。《太平御览》卷七五八《器物部三》有三条引文：

"晋·郭璞《易洞林》：'太子洗马荀子骥家中，以龙铜魁作食，欻鸣。'"

"《东宫旧事》曰：'一升铜魁一漆，二升魁三漆，注酱五升，魁二。'"

"李尤《羹魁铭》曰：'羊羹不遍，驷马长驱'。"

从上述文献记载可以推测，铜魁是盛食器，所盛之食有肉羹及酱。辽宁地区出土的铜魁器内发现有动物的骨骼，如朝阳袁台子前燕壁画墓的铜魁内存六节羊脊椎骨，此墓共出土青铜容器四种，其中铜釜及铜镃斗的外底部均有烟炱痕，而铜魁及铜钵中则均盛有羊脊椎骨，这种遗存现象充分说明，铜釜及铜镃斗是用于炊食的器具，而铜魁及铜钵则是盛食器。朝阳后燕崔遹的铜魁内也盛有鸡骨。另外，洛阳烧沟汉墓中还出土有 10 件陶魁[74]，每个都装有龙首柄，并涂以朱漆，还有勺放在魁中，说明魁和勺是搭配使用的。

类似铜魁的器物一直存在较长的时间，一直到宋元明时期都可见到此类的器物。如故宫博物院藏有宋代的青玉龙柄魁，明代的青玉凸雕双龙纹龙首柄魁，河北宣化辽代张氏家族墓出土黄釉龙首瓷魁，内蒙古敖汉旗吉乡新丘窖藏出土元代龙首柄银魁等等[75]。

五 提梁壶、提梁罐

冯素弗及妻属墓出土的带提梁的青铜容器大致有三类，一种是带镂孔的高圈足提梁铜鍑，这种器物分布很广，中国境内西起新疆，东到辽宁，贯通整个北方草原地区，甚至于分布在更广阔的欧亚大陆草原地带，对此类器物学者关注的较多，亦有很多研究文章[76]，本文不再作论述。另外两类提梁青铜容器不见于汉代的青铜器序列之中，一是平底带提梁的铜罐，一是圜底带提梁的铜壶。结合辽宁地区三燕时期的发掘资料，带提梁的青铜容器有以下几种：

第一种，平底的提梁铜器：提梁铜罐。

（1）北票仓粮窖鲜卑墓出土。敛口、圆唇、鼓腹，平底，上腹部饰二道划纹，两侧各置一桥状耳，内穿铁环，连接提梁。提梁为弧形，中部置一吊环，两端作螭首状，口衔铁环，其中一端已残，铁环均残断。残长 9.5、梁高 6.5 厘米。口径 10.8、腹径 14.4、底径 7.6、罐高 10 厘米[77]（图五二）。

（2）喇嘛洞Ⅱ M311 出土。敛口、圆唇、短领，圆肩，腹壁较直且向下斜收，平底，肩上有双系，最大腹径在双系下；弓形提梁中具一穿鼻，两端为螭首，两螭首与双系之间相连的铁链已残失。口径 10.2、腹径 13.6、底径 7.3、罐高 9.2 厘米，提梁宽 12.4、高 5.3 厘米[78]（图五三）。

（3）北燕冯素弗一号墓出土。口微残。敛口、圆肩，腹壁较直且向下斜收，平底，口、肩、腹部均有弦纹，肩部具双系，内衔铜链与弓形螭首

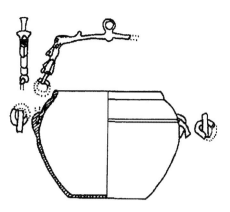

图五二　北票仓粮窖鲜卑墓出土提梁铜罐

图五三　北票喇嘛洞Ⅱ M311 出土提梁铜罐

提梁相连，梁中央嵌一铜丝拧成的可以转动的环孔穿鼻。口径 9.2、腹径 13.6、罐高 9.1、通高 19.5 厘米[79]（见本书 55 页）。

第二种，圜底的提梁铜器：鎏金提梁铜壶。

北燕冯素弗墓出土。侈口、束颈、溜肩，圆腹，圜底，肩部双系衔链与弓形提梁两端螭首相连，梁中部轧成扁圆，上嵌一铜丝拧成的可以转动的环形穿鼻。壶与提梁通体鎏金。壶口径 5.3、腹径 7.5、高 8.5 厘米，梁宽 8.5、高 5.1 厘米，通高 13.2 厘米（见本书 54 页）。

第三种，带三足的提梁铜器：鹿纹三足铜罐。

图五四　北票喇嘛洞ⅡM196 出土鹿纹三足铜罐

喇嘛洞Ⅱ M196 出土。直口，短领，圆肩，浅腹，平底，底部侧缘原具三个实芯足。肩具对称双系，其一内衔"8"形铁链节。肩、腹部刻有上下两层的连续鹿纹，每层六只，诸鹿首尾衔接、口、耳、目俱全，皆俯首、引颈、舒腰、扬尾、奋蹄，其中每二只与另四只相向而驰，四只中的头鹿作回眸状；鹿纹内外分别以致密的篦纹和双重波浪纹填充，鹿纹以下近底部加饰一道多重连续菱形纹。口径 5.2、底径 7.4、存高 5.8 厘米[80]（图五四）。此器的三足非常小，仅具象征性。喇嘛洞除鹿纹三足铜罐外，还出土有一件三足铜盆，喇嘛洞Ⅰ M17 出土，完整，盆内外鎏金。直口，圆唇略尖，斜宽平沿且沿面略凹，浅腹，腹外侧下部有三道弦纹，平底略凹，其边缘等距分布有三个圆饼状足。口径 24.9、沿宽 3.1、高 7.5 厘米，三足也仅具象征性[81]。

以上三处墓地的年代，喇嘛洞墓据所出的元康三年（293 年）青铜器，其年代可早到 3 世纪末，仓粮窖鲜卑墓的年代相当前燕初期或略早，《晋书·冯跋载记》记冯素弗："跋之七年死，跋哭之哀恸。比葬，七临之"，即冯素弗死于北燕太平七年（415

年）。因此上述三座墓葬的年代前后相差百余年。

第一种平底的提梁铜器，在百多年的时间内，其造型无太大的变化，均为敛口、圆肩、腹壁下收、平底，肩上具双系。冯素弗一号墓等鲜卑墓葬出土的螭首提梁器物与南京老虎山 4 号晋墓[82] 出土的提梁器的提梁形制相似。南京老虎山的发掘报告记录为：铜罐，内有灰烬，有一提梁落于罐内，提梁的两端作龙头形，有孔，孔内穿有约 1 厘米的线绳，口径 10.8、高 10 厘米。老虎山晋墓为东晋时期墓葬，是晋左光禄大夫颜含后人的墓葬。第二种圜底的提梁铜器，去掉提梁，其主体部分与喇嘛洞出土的一件元康三年青铜器几乎相同，从喇嘛洞这件青铜容器的双系上看，推测这件青铜容器也应有提梁。因此，这种平底的提梁器与圜底的提梁器应是同时存在、平行发展的两个系列。

在辽西发现的慕容鲜卑墓地出土的带提梁高圈足的青铜容器一般被认为是民族风格器物的特征，与同出的汉文化因素的器物不同，其实在汉代青铜容器中，带提梁、具圈足或三足的青铜器也一直是汉式器物的传统。魏晋时期，有的三足退化变矮而成乳足，或高圈足或平底，而喇嘛洞出土的这件鹿纹三足铜罐，笔者认为应是一种简化后的铜"鋗镂"[83]。

从出土铜器的数量来看，在辽宁地区魏晋时期考古发现的墓葬中，北燕冯素弗墓出土的是最多的，仅以 M1 为例，出土青铜容器，共 27 件，均系铸造。计有铜釜 1 件、镶 2 件、甑 1 件、盆 1 件、提梁盖锅 3 件、提梁锅 3 件、提梁罐 1 件、洗 2 件、铏 1 件、钵 1 件、魁 1 件、尊 1 件、鐎斗 2 件、碗 1 件、鎏金盏 1 件、鎏金盘 1 件、鎏金提梁小壶 1 件、虎子 2 件、"熨斗"（行灯）1 件[84]。

喇嘛洞墓地出土的青铜器数量有两个出处：一是 2004 年的报告，在 16 座墓葬的统计中，青铜器包括容器、马具和其他饰件三类，较完整者共 148 件（套、副）。容器有 10 件，主要有釜 2 件、镶 2 件、盆 2 件、灯 1 件、甑和三足釜 1 套、双系罐形鼎 1 件 [85]。二是根据《三燕文物精粹》，图录中收录喇嘛洞出土的青铜容器有铜鍑 4 件、鹿纹三足罐 1 件、魁 1 件、镳斗 1 件、提梁罐 1 件、双系罐 1 件、甑釜 2 套、釜 2 件、盆 1 件、鎏金三足盆 1 件、豆（熏炉）1 件、灯 1 件。

尽管喇嘛洞两个统计中的青铜器存在重复统计的现象，但也可看出，相对数量众多的出土文物中，喇嘛洞出土的青铜容器所占的比例相当少，任何一座大墓所出青铜容器都不及北燕冯素弗墓所出青铜容器的数量及种类多。另外，辽西地区三燕文化墓葬中青铜容器的出土数量相对而言都较少，常见的有铜釜、铜鍑、铜魁、铜镳斗等，一方面反映了前燕时期汉文化青铜容器的影响已到达三燕地区，但不如近百年后北燕时期的深远；另一方面也可看出鲜卑墓葬中出土的青铜器器类中，除具有骑马民族特征的铜鍑、提梁铜器等器类外，典型的汉式青铜器如铜魁、铜镳斗等，其特征无大的变化，没出现不同于汉代青铜容器的新器物特征。因此，无论是"平底的提梁铜器""圜底的提梁铜器"，还是"带三足的提梁铜器"，均应是汉代青铜容器中"釜"属的鍪、镂等发展到魏晋时期，适应地域民族需要而产生的形制上的变化。

六　余论

北燕冯素弗及其妻属墓出土的这几种汉文化风格的青铜器，有其深远的历史渊源，试简析如下：

从历史发展看，曹魏初年，曹操平定了辽西柳城的三郡乌桓，东部鲜卑慕容部首领莫护跋乘机率部入居辽西。238 年魏司马懿讨伐割据辽东的公孙渊，莫护跋亦率部参加了攻打辽东的战役。辽东公孙氏被灭之后，曹魏政权封莫护跋为率义王，始定居于大棘城之北。从 3 世纪初迁居辽西，慕容氏就已经开始吸收汉族流民，渐渐改变了原来单一的游

牧生活，日趋强大。294 年，慕容廆"以大棘城即颛顼之墟也，元康四年乃移居之，教以农桑，法制同于上国" [86]。此后，慕容鲜卑先后在辽宁西部以龙城（今朝阳）为都城，建立有前燕、后燕、北燕政权，以三燕都城——龙城为中心，慕容鲜卑不断吸收汉文化因素，逐渐改游牧经济为定居的农业经济，中原的先进思想文化、农业生产技术及货币、日用杂物、生产工具、兵器也大量输入辽西，为其所用，这些都加速了慕容鲜卑的汉化过程。至今朝阳一带的三燕文化墓葬中，出土遗物有慕容鲜卑特色的金步摇等金饰品及中原汉文化的文具、青铜器。

从《晋书·慕容廆载记》中，略举慕容鲜卑与东晋的交往：

大兴三年（320 年），"裴嶷至自建邺，帝遣使者拜廆监平州诸军事、安北将军、平州刺史，增邑二千户。"

大兴四年（321 年），晋遣谒者拜廆"使持节、都督幽州东夷诸军事、车骑将军、平州牧，进封辽东郡公，邑一万户，常侍、单于并如故，丹书铁券，承制海东，命备官司，置平州守宰。"

咸和元年（326 年），东晋"成帝即位，加廆侍中，位特进。"

"咸和五年（330 年），又加开府仪同三司，固辞不受。"

慕容廆赍其东夷校尉封抽、行辽东相韩矫等三十余人疏上陶侃，请进封廆为燕王，朝议未定。咸和八年，慕容廆卒，乃止。帝遣使者策赠大将军、开府仪同三司，谥曰襄。

裴嶷出使建康时，史称"初，朝廷以廆僻在荒远，犹以边裔之豪处之。嶷既至，盛称廆之威德，又知四海英贤并为其用，举朝改观焉" [87]。授慕容廆以安北将军、平州刺史，此后双方往来不断。咸康七年（341 年），刘翔再次出使建康，为慕容皝求大将军、燕王章玺。东晋有疑义，"翔留建康岁余，

众议终不决"。刘翔乃说中常侍或弘："朝廷矜虚名节，沮抑忠顺，岂社稷之长计？后虽悔之，终无及矣。"此话震撼了晋室，于是"以慕容皝为使持节、大将军、都督河北诸军事、幽州牧、大单于、燕王，备物、典策，皆从殊礼"[88]。

从上述这些记载看，慕容氏的政权从前燕慕容廆始，就和东晋有较频繁的来往，前燕的使者还曾被迫滞留于建康岁余，在此阶段必然会接触并学习东晋先进的文化，并将之带回燕地。建立北燕的高云、冯跋虽非慕容鲜卑人，但高云是后燕王慕容宝的养子，高句丽人，冯跋是汉人，两人都已经鲜卑化了，而且北燕是以后燕为基础所建,北燕的太平九年(417年)，晋青州刺史申永，也曾遣使浮海来聘[89]。考古出土的文物也为这一路的文化交流提供了证据，以金珰附蝉这种金饰品为例，南京仙鹤观东晋早期丹杨尹、光禄大夫高悝夫妇合葬墓出土金珰 1 件[90]，南京郭家山东晋时期温氏家族墓出土 1 件[91]，南京大学北园东晋早期墓也有出土[92]，山东临沂洗砚池西晋末年至东晋早期 M1 出土金珰 4 件[93]，北京顺义区临河出土 1 件[94]，辽宁北票北燕冯素弗墓出土 2 件。从南京到山东至北京、辽宁均有考古出土，似是为这一路的文化传播洒下了历史的物证。

另外，再从三燕时期的手工工艺制造方面考察如下。

348 年，慕容儁攻占蓟城，都城亦随之迁蓟。352 年，冉闵的都城邺城被慕容儁攻克，冉魏亡。慕容儁在蓟城正式称皇帝，署置百官。前燕政权成为据有黄、淮河之间广大区域，南与东晋隔江对峙，西与前秦为邻，以东北为后方，雄踞华北的强大政权。357 年，慕容儁将都城从蓟城迁到邺城。至 370 年，前秦苻坚、王猛率大军围攻邺城。慕容暐率文武百官出城降秦，前燕灭亡，前燕统治邺城有二十余年的时间。邺城是当时的丝织业中心，能生产名目繁多的各种织物。慕容鲜卑占领邺城期间必

然会接收邺中的丝织业，考古发掘也证明了这一点，朝阳十二台砖厂发掘的前燕时期墓葬中，死者内穿丝织类的衣裤，外套皮袍[95]，足以证明三燕时期慕容鲜卑人已习惯穿着锦绣罗纨类的丝织衣服。至北燕时冯跋曾下书曰："圣人制礼，送终有度，重其衣衾，厚其棺椁，将何用乎？人之亡也，精魂上归于天，骨肉下归于地，朝终夕坏，无寒暖之期。衣以锦绣，服以罗纨，宁有知哉。厚于送终，贵而改葬，皆无益亡者，有损于生。是以祖考因旧立庙，皆不改营陵寝，申下境内，自今皆令奉之"[96]。从这段记载看，"锦绣""罗纨"之类的衣服，在慕容鲜卑的衣服中应是常见的。

从邺城所拥有发达的丝织工艺不难看出，慕容鲜卑的工艺，应该是一个全面发展的程度，包括青铜器铸造业都是非常先进的。魏晋南北朝时期，青铜工艺的突出表现在青铜镜的制造，由于铜矿开采量减少，加之制瓷业、冶铁业的迅速发展，铜制器皿的发展受到限制。但三燕地区的青铜器制造业并未停滞不前，如在辽西发现的三燕文化墓地出土的带提梁高圈足的青铜容器一般被认为是民族风格器物的特征，与同出的汉文化因素的器物不同。

北京科技大学冶金与材料史研究所对冯素弗墓出土的金属类文物进行了材质与制造技术的分析与研究。5 件青铜器样品有实用器与明器，鉴定结果表明：4 件为 Cu-Sn-Pb 合金铸造组织，成分稳定，组织较均匀，夹杂物及铸造缺陷少，制作质量较好。1 件钵的样品为 Cu-Sn 二元合金，锡含量高达 29%，这样高的锡含量必须经过淬火处理才能锻造，才可以制成壁厚仅为 0.1 厘米的成品钵，其内壁至今仍可见加工痕迹。随葬制作质量较好的明器，与墓主人身份是符合的。此外，16 件铁器样品都是生铁和生铁制钢的产品，有铸铁脱碳钢锻造的钢刀、炒钢制作的锯、夹钢制成的凿、锻打的铁镜，加之汞鎏金技术的使用，以及使用银铜合金、金银合金

制成的银片、金片等充分反映三燕时期金属的制作有丰富的文化、技术内涵[97]。

总之，民族的融合，文化的交流，在三燕时期的遗存中有着充分的反映。冯墓所出的青铜器无论是从数量上还是从质量上，都远远超出任何一座慕容鲜卑墓葬的随葬品，反映了从前燕到北燕百余年的时间里，汉文化青铜器对慕容鲜卑的影响是一个不断加深的过程。

（原载《辽宁省博物馆馆刊》（第 3 辑），辽海出版社，2008 年）

注 释

[1] 黎瑶渤：《辽宁北票县西官营子北燕冯素弗墓》，《文物》1973 年第 3 期。按：以下引文出自此篇者，不再一一注明。

[2] 冯双元：《也谈"虎子"与"马子"》，《东南文化》2006 年第 5 期。其中有关于"虎子"用途的文献列举。

[3] 华东文物工作队山东组：《山东沂南汉画像石墓》，《文物参考资料》第 8 期，1954 年。

[4] 倪振魁：《关于"青瓷虎子"问题》，《考古通讯》第 5 期，1956 年；曾凡：《关于"青瓷虎子"用途的新发现》，《考古通讯》第 2 期，1957 年；孙桂恩：《谈谈青瓷虎子的两种用途》，《考古通讯》第 6 期，1957 年；黄文宽：《从广州出土的虎子谈虎子的考证》，《考古通讯》第 6 期，1957 年；黄纲正：《长沙出土的战国虎子及有关问题》，《文物》1986 年第 9 期；周燕儿：《刍议青瓷虎子的用途》，《东南文化》1992 年第 6 期；李正中：《关于虎子的用途和造型》，《中国文物报》1994 年 7 月 31 日；郑岩：《也谈虎子的用途》，《中国文物报》1994 年 9 月 18 日；王业友：《也谈虎子》，《中国文物报》1994 年 10 月 23 日；黄展岳：《汉代的亵器》，《文物天地》1996 年第 3 期；黄展岳：《关于伏虎形器和"虎子"的问题》，《文物》1999 年第 5 期；李桦、郑淑霞：《"虎子"的用途及相关文化》，《文物春秋》1999 年第 2 期；容达贤：《"青瓷虎子"用途问题的再研究》，《中国文物报》2002 年 12 月 13 日；李晖：《兽子·虎子·马子——溲器民俗文化抉微》，《民俗研究》2003 年第 4 期；李晖：《"虎子"被改称为"兽子"的商榷》，《淮南师范学院学报》2003 年第 6 期；李晖：《文化底蕴深邃的溲器——器用民俗文化探索之一》，《淮北煤炭学院学报》（哲学社会科学版）2003 年第 3 期；程瑞秀：《试析虎子的用途与造型》，《北京文物与考古》（第 6 辑），2004 年；冯双元：《也谈"虎子"与"马子"》，《东南文化》2006 年第 5 期。

[5] 镇江博物馆：《江苏镇江谏壁王家山东周墓》，《文物》1987 年第 12 期。

[6] 荆州地区博物馆：《江陵张家山三座汉墓出土大批竹简》，《文物》1985 年第 1 期。

[7] 由更新：《临潼出土的几件铜器》，《考古与文物》1995 年第 5 期。

[8] 中国社会科学院考古研究所：《广州汉墓》，文物出版社，1981 年。

[9] 江西省博物馆：《江西南昌地区东汉墓》，《考古》1981 年第 5 期。

[10] 北京市文物管理处：《北京顺义临河村东汉墓发掘简报》，《考古》1977 年第 6 期。

[11] 山东省文物考古研究所、临沂市文化局：《山东临沂洗砚池晋墓》，《文物》2005 年第 7 期。

[12] 刘建国：《镇江东晋墓》，《文物资料丛刊》（8），文物出版社，1983 年。

[13] 南京市博物馆等：《江苏南京市富贵山六朝墓地发掘简报》，《考古》1998 年第 8 期。

[14] 山西省考古研究所、太原市文物管理委员会：《太原市北齐娄叡墓发掘简报》，《文物》1983 年第 10 期。

[15] 长沙市文物工作队：《长沙市五里牌战国木椁墓》，《湖南考古辑刊》创刊号，1982 年。

[16] 吴文信：《江苏新沂东汉墓》，《考古》1979 年第 2 期。

[17] 南京博物院：《江苏江宁县张家山西晋墓》，《考古》1985 年第 10 期。

[18] 刘宁：《六朝青瓷之羽翼纹小考》，《文物世界》2001 年第 6 期。

[19] 南京市文物管理委员会：《南京老虎山晋墓》，《考古》1959 年第 6 期。

[20] 南京市博物馆：《南京吕家山东晋李氏家族墓》，《文物》2000 年第 7 期。

[21] 南京市博物馆等：《江苏南京市富贵山六朝墓地发掘简报》，《考古》1998 年第 8 期。

[22] 中国历史博物馆：《国之瑰宝》第 145 页，朝华出版社，1999 年。

[23] 龚良：《陵墓有翼神兽石刻的发展及其艺术源流》，《华夏考古》1994 年第 1 期；沈琍：《南朝陵墓雕刻造型风格研究》，南京艺术学院博士论文，2005 年；李零：《论中国的有翼神兽》，《中国学术》（第五辑），商务印书馆，2001 年；李零：《再论中国的有翼神兽》，《入山与出塞》，文物出版社，2004 年；顾问、黄俊：《中国早期有翼神兽问题研究四则》，《殷都学刊》2005 年第 3 期。

[24] 《太平御览》卷七一二《服用部十四》。

[25] 杜廼松：《中国古代青铜器小辞典》，文物出版社，1980 年。

[26] 湖南省博物馆：《长沙汤家岭西汉墓清理报告》，《考古》1966 年第 4 期。

[27] 河北省博物馆、文物管理处：《河北省出土文物选集》，文物出版社，1980 年。

[28] 马小青：《一件珍罕的东汉青铜支架刻度熨斗》，《文物春秋》2003 年第 2 期。

[29] 江西省博物馆：《江西瑞昌马头西晋墓》，《考古》1974 年第 1 期。

[30] 南京市博物馆、南京市玄武区文化局：《江苏南京市富贵山六朝墓地发掘简报》，《考古》1998 年第 8 期。

[31] 南京市博物馆：《南京长岗村五号墓发掘简报》，《文物》2002 年第 7 期。

[32] 刘建国：《镇江东晋墓》，《文物资料丛刊》（8），文物出版社，1983 年。

[33] 南京市博物馆：《南京象山 5 号、6 号、7 号墓清理简报》，《文物》1972 年第 11 期。

[34] 洛阳市文物工作队：《洛阳曹魏正始八年墓发掘报告》，《考古》1989 年第 4 期。

[35] 中国社会科学院考古研究所河南第二工作队：《河南偃师杏园村的两座魏晋墓》，《考古》1985 年第 8 期。

[36] 刘宁：《"熨人"小考》，《辽海文物学刊》1997 年第 2 期。

[37] 徐秉琨：《鲜卑·三国·古坟》第 68 页，辽宁古籍出版社，1996 年。

[38] 朝阳地区博物馆、朝阳县文化馆：《辽宁朝阳发现北燕、北魏墓》，《考古》1985 年第 10 期。

[39] 朝阳地区博物馆、朝阳县文化馆：《辽宁朝阳发现北燕、北魏墓》，《考古》1985 年第 10 期。

[40] 辽宁省博物馆文物队、朝阳地区博物馆文物队、朝阳县文化馆：《朝阳袁台子东晋壁画墓》，《文物》1984 年第 6 期。

[41] 甘肃省博物馆：《酒泉、嘉峪关晋墓的发掘》，《文物》1979 年第 6 期。

[42] 内蒙古文物工作队：《内蒙古呼和浩特美岱村北魏墓》，《考古》1962 年第 2 期。

[43] 秦明智、任步云：《甘肃张家川发现大赵神平二年墓》，《文物》1975 年第 6 期。

[44] 河北省文管处：《河北景县北魏高氏墓发掘简报》，《文物》1979 年第 3 期。

[45] 大同市考古研究所：《山西大同沙岭北魏壁画墓发掘简报》，《文物》2006 年第 10 期。

[46] 殷宪：《山西大同沙岭北魏壁画墓漆画题记研究》，《4~6 世纪的北中国与欧亚大陆》，科学出版社，2006 年。

[47] 江西省博物馆：《江西瑞昌马头西晋墓》，《考古》1974 年第 1 期。

[48] 卢兆荫：《略论两汉魏晋的帷帐》，《考古》1984 年第 5 期。

[49] 李庆发：《辽阳上王家村晋代壁画墓清理简报》，《文物》1959 年第 7 期。

[50] 洪晴玉：《关于冬寿墓的发现和研究》，《考古》1959 年第 1 期。

[51] 周一良：《关于帐构》，《文物》1980 年第 9 期。

[52] 杨泓：《谈中国汉唐之间葬俗的演变》，《文物》1999 年第 10 期。

[53] 阮国林：《谈南京六朝墓葬中的帷帐座》，《文物》1991 年第 2 期。

[54] 辽宁省博物馆文物队、朝阳地区博物馆文物队、朝阳县文化馆：《朝阳袁台子东晋壁画墓》，《文物》1984 年第 6 期。

[55] 《晋书·慕容皝载记》。

[56] 图三二、图三三引自孙机：《辂》，《中国古舆服论丛》（增订本），文物出版社，2001 年。

[57] 吐鲁番地区文物中心：《高昌壁画辑佚》，新疆人民出版社，1995 年。

[58] 中国社会科学院考古研究所、河北省文物研究所：《磁县湾漳北朝壁画墓》，科学出版社，2003 年。

[59] 扬之水：《磁县湾漳北朝壁画墓卤簿图若干仪仗考》，《故宫博物院院刊》2006 年第 2 期。

[60] 辽宁省博物馆文物队、朝阳地区博物馆文物队、朝阳县

文化馆：《朝阳袁台子东晋壁画墓》，《文物》1984 年第 6 期。

[61] 辛发等：《锦州前燕李廆墓清理简报》，《文物》1995 年第 6 期。

[62] 刘谦：《锦州北魏墓清理简报》，《考古》1990 年第 5 期。

[63] 辽宁省文物考古研究所：《三燕文物精粹》，辽宁人民出版社，2002 年。

[64] 陈大为等：《辽宁朝阳后燕崔遹墓的发现》，《考古》1982 年第 3 期。

[65] 璞石：《辽宁朝阳袁台子北燕墓》，《文物》1994 年第 11 期。

[66] 山东省文物考古研究所、临沂市文化局：《山东临沂洗砚池晋墓》，《文物》2005 年第 7 期。

[67] 前文所引报告均作螭首，实为与冯素弗墓铜杆相同的龙首，为尊重原报告，故仍以螭首称之。

[68] 王振铎：《论汉代饮食器中的卮和魁》，《文物》1964 年第 4 期。

[69] 中国青铜器全集编辑委员会编：《中国青铜器全集》第 12 册秦汉部分，文物出版社，1998 年。

[70] 叶茂林：《陶器鉴赏》第 251 页，漓江出版社，1995 年。

[71] 辽宁省博物馆、辽阳博物馆：《辽阳旧城东门里东汉壁画墓发掘报告》，《文物》1985 年第 6 期。

[72] 辽宁省文物考古研究所：《辽宁辽阳南郊街东汉壁画墓》，《文物》2008 年第 10 期。

[73] 辽宁省文物考古研究所：《三燕文物精粹》，辽宁人民出版社，2002 年。

[74] 洛阳区考古发掘队：《洛阳烧沟汉墓》第 140 页，科学出版社，1959 年。

[75] 徐琳：《辽代玉魁——一件清宫流失的国宝》，《紫禁城》2008 年第 2 期。

[76] 刘莉：《铜鍑考》，《考古与文物》1987 年第 3 期；卜扬武、程玺：《内蒙古地区铜（铁）鍑的发现及初步研究》，《内蒙古文物考古》1995 年第 1 期；埃尔迪·米克洛什·兹、杜亚雄：《遍及欧亚中部的匈奴鍑及其岩画形象》，《新疆师范大学学报》（哲学社会科学版）1995 年第 4 期；王博：《亚欧草原所见青铜鍑及其研究》，《新疆师范大学学报》(哲学社会科学版)1995 年第 4 期；尚晓波：《大凌河流域鲜卑文化双耳镂孔圈足釜及相关问题考》，《辽海文物学刊》1996 年第 1 期；郭物：《青铜鍑在欧亚大陆的初传》，《欧亚学刊》（第一辑），中华书局，1999 年；郭物：《论青铜鍑的起源》，《21 世纪中国考古学和世界考古学》，中国社会科学出版社，2002 年；李朝远：《新

见秦式青铜鍑研究》，《文物》2004 年第 1 期；郭物：《第二群青铜（铁）鍑研究》，《考古学报》2007 年第 1 期。

[77] 孙国平、李智：《辽宁北票仓粮窖鲜卑墓》，《文物》1994 年第 11 期。

[78] 辽宁省文物考古研究所：《三燕文物精粹》，辽宁人民出版社，2002 年。

[79] 黎瑶渤：《辽宁北票县西官营子北燕冯素弗墓》，《文物》1973 年第 3 期。

[80] 辽宁省文物考古研究所：《三燕文物精粹》，辽宁人民出版社，2002 年。

[81] 辽宁省文物考古研究所：《三燕文物精粹》，辽宁人民出版社，2002 年。

[82] 南京市文物保管委员会：《南京老虎山晋墓》，《考古》1959 年第 6 期。

[83] 刘宁：《记喇嘛洞出土的一件元康三年"铜鐎镂"》，《辽宁考古文集》（二），科学出版社，2010 年。

[84] 黎瑶渤：《辽宁北票县西官营子北燕冯素弗墓》，《文物》1973 年第 3 期。

[85] 辽宁省文物考古研究所、朝阳市博物馆、北票市文物管理所：《辽宁北票喇嘛洞墓地 1998 年发掘报告》，《考古学报》2004 年第 2 期。

[86] 《晋书·慕容廆载记》。

[87] 《晋书·慕容廆载记》。

[88] 《晋书·慕容跳载记》。

[89] 《晋书·冯跋载记》。

[90] 南京市博物馆：《江苏南京仙鹤观东晋墓》，《文物》2001 年第 3 期。

[91] 首都博物馆：《中国记忆——五千年文明瑰宝》第 163 页，文物出版社，2008 年。

[92] 南京大学历史系考古组：《南京大学北园东晋墓》，《文物》1973 年第 4 期。

[93] 山东省文物考古研究所、临沂市文化局：《山东临沂洗砚池晋墓》，《文物》2005 年第 7 期。

[94] 见首都博物馆"古都北京"陈列。

[95] 辽宁省文物考古研究所、朝阳市博物馆：《朝阳十二台乡砖厂88M1 发掘简报》，《文物》1997 年第 11 期。

[96] 《晋书·冯跋载记》。

[97] 韩汝玢：《冯素弗墓出土金属器的鉴定与研究》，《北燕冯素弗墓》，文物出版社，2015 年。

记喇嘛洞出土的一件元康三年"铜鉒镂"

刘 宁

辽宁北票喇嘛洞墓地是中国北方地区迄今所见规模最大的一处三燕文化墓地。该墓地位于北票市南八家乡四家板村喇嘛洞村民组西山坡上，坡下属大凌河的冲击平地。自 1993 年秋起至 1998 年冬，辽宁省文物考古研究所在朝阳市博物馆和北票市文物管理所的配合下对该墓地先后进行了五次发掘，共清理墓葬 435 座，其中三燕时期的墓葬 420 座，出土了陶、铜、铁、金、银、骨、石各类文物近 5000 件（套）[1]。

喇嘛洞出土的铜器可分为容器和马具两类。容器有釜、甑、魁、镳斗、洗、盆、平底镂、镂孔圈足镂等，青铜容器占随葬品的比例很小，带铭文的仅有一件"双系铜罐"，喇嘛洞 II M315 出土。M315 在喇嘛洞墓地中规模并不大，墓坑长 2.8、宽 1.5、深 0.2～0.5 米，木棺长 2.1、宽 0.7、存高 0.4 米，共随葬器物 9 件，仅此一件青铜容器[2]。侈口，圆唇，束颈，鼓腹，圜底，颈部具对称双系。口径 9.5、腹径 11、高 9.7 厘米。口沿下部刻一行字："元康三年三月廿日，洛阳冶造，三升铜 鉒镂 ，重二斤，第一。"在此件青铜器的铭文中，"鉒镂"二字的"钅"字旁笔画清楚可识读，但"钅"字右侧的偏旁部首则笔划缺失模糊，除"鉒镂"二字外，其余文字均

清晰可识。查目前有关汉代铜器名称的研究及著录，器名为两个字，且均为"钅"字旁的器物，唯有铜"鉒镂"，因此，推测此件器物"钅"字右侧应分别是"后娄"二字（图一）。

本文拟从器形、铭文及文献记载等方面，对喇嘛洞出土的这件元康三年青铜器略加论述。

一

喇嘛洞出土的这件青铜容器，虽推测自铭为"铜鉒镂"，但从器形上看应是汉代青铜器中"鍪"的基本形制。一般认为鍪作为炊具使用，器物的腹下多有烟炱痕迹，但也有学者认为可用作量器，在所发现的铜鍪铭文中有记载容量的数字[3]（图二）。

长沙伍家岭 M270 一件铜鍪，在口沿外侧有铭文一周，计 23 个字："时文仲铜鍪一，容二斗，重六斤三两，黄龙元年十月甲辰治"（图三），系汉宣帝黄龙元年（公元前 49 年）。此铜鍪残破不能复原，但 M201 出土了一件完整铜鍪，口径 20.4、腹径 26.7、高 21.8 厘米。侈口，短颈，扁圆腹，圜底，肩腹交界处饰凸起弦纹两周，两侧二个耳作绳索扭结状，明确此类器物的名称为"铜鍪"[4]（图四）。作为秦汉时期富有特色的器物，研究表明，鍪起源

图一　喇嘛洞出土的元康三年青铜器及铭文

图三　长沙伍家岭 M270 铜鍪铭文

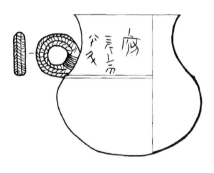

图二　洛阳宜阳铜鍪

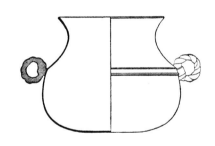

图四　长沙伍家岭 M201 铜鍪

图五　山东巨野红土山铜鍪

于巴蜀，最早见于四川新都九联墩战国中期蜀墓，战国中晚期秦灭巴蜀开始进入关中，后改造为秦器并随秦的统一战争向各地扩散。但从西汉中期开始，其分布地域明显缩小，除川东、鄂西、湘西及汉中有集中出土外，其他地方基本不见，东汉时期逐渐消亡[5]。鍪的形态在其发展和传播过程中不断发生变化，在汉代最为明显。山东巨野红土山西汉墓[6]与广州华侨新村竹园岗 1180 号西汉墓[7] 各出土一件带盖的铜鍪（图五），广西贵县罗泊湾 1 号西汉墓所出铜鍪，腹侧有一方柄，腹侧及方柄上均有一

个环耳（图六），同墓所出木牍《从器志》称之为"温督（鍪）"[8]，这种温鍪在四川、贵州等地均有出土。贵州省博物馆还收藏有一件汉代龙首柄青铜鍪（图七），贵州赫章可乐不仅出土有带方柄的铜鍪，还出土了一件汉代鎏金铜鍪，敞口粗颈，腹部圆鼓而深，底下有三条较矮的兽蹄足，肩颈部有一只圆环形耳[9]（图八）。因此铜鍪在不同地域存在不同的造型，不能以一种形态来固定鍪的形式，但侈口、鼓腹、圜底、有耳应是鍪的基本形制，汉代有的铜鍪带盖、双系耳、具三足的形态，在某些方面又具

备了铜鍸镂的基本特征。

铜鍸镂的形制基本为有盖，体为弧形，下腹鼓圆，承三足，盖顶周缘山峰相连，上腹两侧有双系，环带提链。其得名与其器盖的形式有关[10]。王念孙《广雅疏证》卷七下："枸篓者，盖中高而四下之貌。山颠谓之岫嵝，曲脊谓之痀偻，高田谓之瓯窭，义与枸篓并相近。"目前所见有关铜器自铭为铜鍸镂的记述有两处：一是清末端方《陶斋吉金录》卷七，著录有阳信家铜鍸镂（图九）。"高五寸一分，口径七寸五分；盖高一寸五分，径六寸三分。"盖上铭文："阳信家铜鍸镂盖，重一斤八两，四年，第一。"器身铭文："铜鍸镂，重四斤八两。"这件器物的形状是"其形圆，三足，有盖，腹有柄旁出"（容庚《汉代服御器考略》，《燕京学报》第三期）。

二是河北隆化西汉墓出土铜鍸镂一件。缺盖，口残，提梁为龙首衔环形，肩部刻有铭文："大高铜枸篓一，容一升。"残高11、腹径16厘米。这件器物上的铭文"鍸镂"写作"枸篓"二字[11]（图一○）。辽宁地区考古出土形制与河北隆化所出的基本相似的汉代铜鍸镂有：辽宁抚顺刘尔屯西汉墓地出土，高15.9、口径8.2厘米。小圆口，鼓腹，底有三个兽面纹足，肩上有耳，耳套活环[12]（图一一）。旅顺鲁家村西汉窖藏出土，高12.5、口径8.1、腹径16厘米。鼓腹，圜底，底有三蹄足，缺盖，弓形提梁，两端铸成兽首衔环[13]（图一二）。辽宁地区发现的铜鍸镂，时代均在西汉时期。

端方著录的阳信家铜鍸镂器盖无山峰之"岫嵝"，仅以三个环状钮具形而已，其三足具柄的造型更似铜"锜"，与我们现在考古发掘所见汉代铜鍸镂的形状不太一致。河北隆化的带铭铜鍸镂及辽宁地区出土的西汉时期的铜鍸镂均失盖，从西安市文物中心的一件西汉时期铜鍸镂来看，有盖，体为弧形，下腹鼓圆，三兽足。盖顶微隆，缘周有三座山，每座由群山相连，环绕主峰，山间平处施蟠螭

纹。上腹两侧有双系，环带提链已失[14]。推测辽宁出土铜鍸镂所失之盖也应有山峰之"岫嵝"，辽宁地区汉代以后的考古中未发现有相同的器物。

从喇嘛洞这件器物的造型上看，虽然推测自铭为"铜鍸镂"，但与秦汉时期铜鍪造型相似，却没有秦汉铜鍪上常见的弦纹，其双系与秦汉铜鍪的绹纹索状单耳或双耳的形态是完全不一样的，特别是相对于单耳的秦式铜鍪而言，喇嘛洞铜器的双系更适合系提梁，而非手提。喇嘛洞元康三年的这件青铜器除无盖（其侈口的形式似不应有盖）、无三足外，其主体的束颈、鼓腹、圜底形式及双系孔可系提梁的部分与考古发现的铜鍸镂又有相似之处。

二

汉代铜器存在着釜、鍑、鍪、锜、鍸镂等名称，均是对炊食器的称呼[15]。

釜，《孟子·滕文公上》曰："许子以釜甑爨、以铁耕乎？"于此可知，釜的第一个用途便是炊爨。釜的形式一般为敛口，圜底，或有三耳。其用如鬲，置于灶口，上置甑以蒸煮，盛行于汉代，有铁制的，也有铜和陶制的。

鍪，《说文》："鍪，鍑属。鍑，大口釜，盖鍪如之。"《急就篇》卷三："铁铢鐕锥釜鍑鍪"，颜师古注："鍪，似釜而反唇。一曰鍪，小釜类，即今所谓锅。"

鍑，釜属，形制不一。《方言》："釜自关而西或谓之釜，或谓之鍑。"郭璞注："鍑亦釜之总名。"《汉书》卷九十四下《匈奴传》第六十四下："胡地秋冬甚寒，春夏甚风，多赍鬴鍑薪炭，重不可胜。"颜注："鬴，古釜字也。鍑，釜之大口者也。"

锜，《诗·召南·采苹》："于以湘之，维锜及釜。"毛传："锜，釜属。有足曰锜，无足曰釜。"朱熹集传："釜音父。锜，釜属。有足曰锜，无足曰釜。"《春秋左传·隐公三年》："苟有明信，涧溪沼沚之毛，苹蘩温藻之菜，筐筥锜釜之器，潢污行潦之水，可

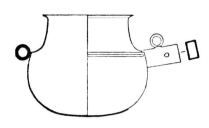

图六　贵县罗泊湾1号西汉墓铜鍪

图七　贵州省博物馆藏龙首柄青铜鍪

图八　贵州赫章可乐鎏金铜鍪

图九　阳信家铜鋗镂及铭文

图一〇　隆化西汉墓铜鋗镂及铭文

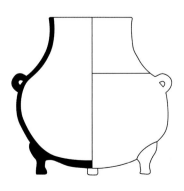

图一一　抚顺刘尔屯西汉墓地出土铜鋗镂

图一二　旅顺鲁家村西汉窖藏铜鍿镂

荐于鬼神，可羞于王公。"杜预注："方曰筐，圆曰筥，无足曰釜，有足曰錡"。錡即古代有足的釜。

镂，《说文》："镂，釜也。"古称大口锅为镂。《方言》五："镂，……江淮陈楚之间谓之錡，或谓之镂。"注："或曰三脚釜也。"

鍿镂，古铜器名，釜属。孙机先生认为是一种酒器。清端方《陶斋吉金录》卷七著录有汉阳信家铜鍿镂图。阳信家的这件铜鍿镂，与《方言》所谓的"錡"相似，可视为一种带盖具柄的"三脚釜也"。

从上述文献中对汉代各类器物的记载上可以看出，镂是大口釜，鍪是镂属，或小釜类，錡是有足的釜属，镂是三脚釜也，鍿镂亦釜属。镂、鍪、錡、镂、鍿镂，均可归于"釜属"，应该说釜形制上的多样化，带来了它名称上的复杂化。考古发现及传世的上述汉代各类器物，其造型主体也是大同小异，区别也在于三足、器耳及口之大小[16]。在汉代的炊具系列中，釜是一种基本的形态，单独使用或与甑配套，釜一般均是做成短颈、敞口、深腹、圜底的样子，釜之有耳者即是鍪，鍪从西汉中期开始，其分布地域明显缩小，东汉时期逐渐消亡。鍪发展至加柄、加三足，成为另一种名叫"錡"的温器，分布以两广为主，铜錡存在的年代从西汉早期，一直到

东汉晚期[17]。釜加盖、提梁及三足则成鍿镂。铜鍿镂出土的数量不多，年代主要为西汉中晚期，东汉时期未有发现[18]。因此，鍪、錡、鍿镂这些不同的称呼，可视为汉代同一类器具在发展过程中变化的不同形态。最早消失的是造型最复杂的铜鍿镂，东汉时期已不见，最迟到东汉晚期鍪、錡、鍿镂这些器类都消失了。

三

"元康三年"在历史上出现过两次：一是西汉宣帝刘询年号公元前63年，一是西晋惠帝司马衷年号公元293年。按喇嘛洞墓地的文化性质，此件铜器上的铭文年号应是西晋惠帝的年号。

在西晋元康四年（294年）发生了一件大事，史书中有载：

《晋书》卷一〇八载记第八《慕容廆载记》："（慕容）廆以大棘城即帝颛顼之墟也，元康四年乃移居之。教以农桑，法制同于上国。"

《资治通鉴》卷八二《晋记·世祖武皇帝下》元康四年（甲寅，294年）："慕容廆徙居大棘城。"

《十六国春秋辑补》卷二十三《前燕录一·慕容廆》亦记载："（慕容）廆以大棘城即颛顼之墟也，元康四年，定都大棘城，所谓紫蒙之邑也。乃教以农桑，法制同于上国。"

以上的记载基本相同，慕容廆迁居的大棘城在今辽宁北票，距喇嘛洞墓地不到七千米之遥[19]。很重要的一点是慕容廆迁都后，"乃教以农桑，法制同于上国。"改变了游牧民族的生活习性，转变为定居的农业民族，因此，其生活器用必定会有中原的因素在内。从喇嘛洞墓地出土的三燕文物来看，既受到汉文化的强烈影响，又具有鲜明的民族风格。大量的铁兵器与生产工具共存则反映出亦兵亦农、耕战结合的地方特点，而一些墓中随葬的马具则又展示出较为发达的骑马文化面貌。

常见于诸墓的灰陶罐、釉陶器、漆器和大量的铁生产工具及五铢钱等都是汉文化影响存在的例证，在辽西发现的慕容鲜卑墓葬中出土的汉式青铜器如魁、镰斗及釉陶器也证明了这一点。因此，这应是一件汉式的青铜容器。

关于"洛阳冶造"，汉代铜镜上就有"铜出徐州，师出洛阳"的铭文。日本近畿及其附近4世纪前期的古坟中，出土不少有"铜出徐州，师出洛阳"铭文的三角缘神兽镜。这种铜镜是中国的魏镜，可能是中国魏朝的统治者赠送给当时日本邪马台国王卑弥乎及其继承者的。《三国志·魏志·倭人传》中，有魏明帝景初二年（238年）六月，倭王遣使来中国魏朝朝献，魏的统治者赠送其女王卑弥乎的礼物中，有"铜镜百枚"的记载。之后，中日之间交往密切，多次相互馈赠[20]。满城汉墓出土的铜器中也有购自洛阳的记载[21]，说明汉代洛阳工师冶造的铜器是很有影响的。

辽宁省博物馆藏有一面魏晋时期的鸟纹博局镜，1955年辽宁省辽阳市三道壕窑业工厂大窑西采土区一号壁画墓出土。直径17厘米。圆形，扁平圆钮，饰博局鸟纹，有一周铭文带："吾作大竟真是好，同出徐州清且明兮"[22]。这也应是一枚"铜出徐州，师出洛阳"系列的铜镜，说明魏晋时期来自洛阳工师冶造的青铜器在辽宁地区的发现不是孤证。三燕文化墓葬中随葬洛阳冶造的青铜容器，推测其来源应是战利品。一方面，史书上多有慕容氏寇边的记载，如《晋书》卷一百八载记第八《慕容廆》："初，涉归有憾于宇文鲜卑，廆将修先君之怨，表请讨之。武帝弗许。廆怒，入寇辽西，杀略甚众。帝遣幽州诸军讨廆，战于肥如，廆众大败。自后复掠昌黎，每岁不绝。"另一方面从喇嘛洞墓地的性质来看，推测其布局具有某种"准军事性质"，可能主要是阵亡将士及妻属的聚葬之所[23]。同一墓地所出的青铜容器可分为实用器及专用于随葬的明

器，这件元康三年的"铜鍣镂"器上有使用过的烟炱痕迹，特别是器耳周围的烟灰至今仍然触手可得，显然是长期使用造成的结果，这是一种实用器，死后用于随葬。

铜器铭文中的编号：汉代铜器铭文中有很多附记编号。就编写的性质而言，有些是制作时所编的造器号，而更多的是管理与使用时所编的用器号。西汉前期的铜器铭文中附记编号者很少，编写方式也很简单；西汉中期后有编号的铜器数量多，编写方式多种多样，而汉代铜器制作规模大，一般是批量生产，编号的不同，反映出铜器制作规模的差异[24]。这件元康三年青铜器上"第一"的编号，推测应是制作时所编的造器号，沿袭了汉代制器时的编号传统，同类的器物应不止此一件。

综上，喇嘛洞出土的这件元康三年青铜容器，器物的造型应是铜鑑的基本形式，东汉时期已逐渐消失的铜鑑，却出现在魏晋时期三燕文化的墓葬中，特别是在器耳部位，形制略有变化，且与所自铭的"铜鍣镂"造型也有所区别。其口沿下虽推测刻有"鍣镂"二字，加之同一行铭文中，其余字体均清晰可识，而此二字右侧字体笔画缺失。从阳信家铜鍣镂复杂的笔画及河北隆化铜鍣镂简化的字体分析，或许是铸造工匠刻字时未将笔画刻完整或简化造成的结果。按西晋时期铜器上的刻铭已少见汉代铜器上那么多规范的刻铭，同时，从铜鍣镂出土的情况来看，其数量不多，且目前所见的年代主要为西汉中晚期，东汉时期未有发现，说明铜鍣镂这种造型的器物到魏晋时期应该是早已消失了，或适应实际的使用而逐渐转化成了其他的形态，也许会有其他我们所不知的不同称呼。

另外，喇嘛洞Ⅱ M196出土一件鹿纹三足铜罐（见本书《记北燕冯素弗墓出土的几件青铜器》图五四）。口径5.2、底径7.4、存高5.8厘米。直口，短领，圆肩，平底，底部侧缘原具三个实芯足。肩

具对称双系，其一内衔"8"形铁链节。肩、腹部刻有上下两层的连续鹿纹，每层六只，诸鹿首尾衔接，鹿纹内外分别以致密的篦纹和双重波浪纹填充，鹿纹以下近底部加饰一道多重连续菱形纹[25]。在辽西发现的三燕文化墓地出土的带提梁高圈足的青铜容器一般被认为是民族风格器物的特征，与同出的汉文化因素的器物不同。其实在汉代青铜容器中，带提梁、具圈足的青铜器也一直是汉式器物的传统。而喇嘛洞出土的这件鹿纹三足铜罐，平底，三足也仅具象征性，应是魏晋时期，三足退化而代之以圈足或平底的结果，笔者认为或可当其为一种简化的铜"鋗镂"。又汉代铜鍪中也有或带盖，或具柄，或具三足的形态，加之汉代的铜器铭文中往往也存在自名与器物名不符实的现象[26]。这件元康三年铜

器的出土也许反映了在魏晋时期"鋗镂"及"鍪"的内涵都已脱离了原有的意义，或器形消失，或形制渐趋一致，或简化成其他的形式，而保留一些基本的特征，其名称就可能存在混用的现象，已是彼此"镂""鍪"不分了。

总之，喇嘛洞出土的这件西晋元康三年的青铜容器，应是汉代青铜实用器在使用过程中，随着实用性的改变而保留的形式，随着隋唐时期青铜实用器逐渐退出历史舞台，对这种青铜器称之为"鋗镂"的称呼也逐渐消失了。

（原载《辽宁考古文集》（二），科学出版社，2010 年）

注 释

[1] 辽宁省文物考古研究所：《三燕文物精粹》，辽宁人民出版社，2002 年。

[2] M315 的有关资料承蒙辽宁省文物考古研究所田立坤、万欣二位先生提供，谨致谢忱。

[3] 洛阳宜阳发现"半升"秦铜鍪，见赵晓军、刁淑琴：《洛阳宜阳发现秦铜鍪及其相关问题》，《文物》2005 年第 8 期；山西运城发现"一升（又）半升"秦铜鍪，见张国维：《山西运城发现的秦戥量》，《考古与文物》1986 年第 1 期。赵晓军：《秦国军队和刑徒的粮食供给制度》，《中国文物报》2006 年 11 月 10 日。

[4] 中国科学院考古研究所：《长沙发掘报告》，科学出版社，1957 年。

[5] 吴小平：《汉代铜鍪研究》，《东南文化》2003 年第 11 期；陈文领博：《铜鍪研究》，《考古与文物》1994 年第 1 期；刘弘：《巴蜀铜鍪与巴蜀之师》，《四川文物》1994 年第 6 期。

[6] 山东省菏泽地区汉墓发掘小组：《巨野红土山西汉墓》，《考古学报》1983 年第 4 期。

[7] 麦英豪：《广州华侨新村的西汉墓》，《考古学报》1958 年第 2 期。

[8] 广西壮族自治区博物馆：《广西贵县罗泊湾汉墓》，文物出版社，1988 年。

[9] 贵州省博物馆考古组：《赫章可乐发掘报告》，《考古学报》1986 年第 2 期。

[10] 孙机：《汉代物质文化资料图说》，文物出版社，1991 年，第 326 页。

[11] 杜江：《河北隆化发现西汉墓》，《文物资料丛刊》（4），文物出版社，1981 年。

[12] 抚顺市博物馆：《辽宁抚顺县刘尔屯西汉墓》，《考古》1983 年第 11 期。

[13] 刘俊勇：《旅顺鲁家村发现一处汉代窖藏》，《文物资料丛刊》（4），文物出版社，1981 年。

[14] 王长启：《西安市文物中心藏战国秦汉时期的青铜器》，《考古与文物》1994 年第 4 期。

[15] 对各类器名的解释见罗竹风：《汉语大词典》，汉语大词典出版社，1993 年；陈平：《说釜——兼论釜、镂、鬴、鍪诸器的关系》，《考古与文物》1982 年第 5 期。

[16] 吴小平：《汉代青铜容器的考古学研究》，岳麓书社，2005 年；孙机：《汉代物质文化资料图说》，文物出版社，

1991 年。

[17]　吴小平：《汉代青铜容器的考古学研究》，岳麓书社，2005 年，第 244 ～ 245 页。

[18]　吴小平：《汉代青铜容器的考古学研究》，岳麓书社，2005 年，第 122 页。

[19]　田立坤：《棘城新考》，《辽海文物学刊》1996 年第 2 期。

[20]　罗其湘、武利华：《日本出土三角缘神兽镜铭文"铜出徐州"考辨》，《徐州师范大学学报》（哲学社会科学版）1987 年第 1 期；王仲殊：《从日本出土的铜镜看三世纪倭与中国江南的交往》，《华夏考古》1988 年第 2 期。

[21]　中国社会科学院考古研究所：《满城汉墓发掘报告》，文物出版社，1980 年。第 57 页，铜铛铭文："中山内府铜盆，容二斗，重六斤六两，第六。卅四年，中郎柳买雒阳。"

[22]　东北博物馆：《辽阳三道壕两座壁画墓的清理工作简报》，《文物参考资料》1955 年第 12 期。

[23]　万欣：《辽宁北票喇嘛洞墓地 1998 年发掘报告》，《考古学报》2004 年第 2 期。

[24]　徐正考：《汉代铜器铭文中的编号》，《史学集刊》1998 年第 2 期。

[25]　辽宁省文物考古研究所：《三燕文物精粹》，辽宁人民出版社，2002 年。

[26]　徐正考：《汉代铜器铭文研究》，吉林教育出版社，1999 年。

后记

　　慕容鲜卑是第一批问鼎中原的鲜卑人，从慕容氏之后，鲜卑人一批接一批的迈入中原。那个时代，鲜卑人不仅创造了自己的历史，还与其他民族一起，创造了整个时代的历史。慕容鲜卑的历史虽短暂，其推动的文化交流和民族融合，影响着北方地区的社会文化发展，在中华民族历史上书写了浓墨重彩的一笔。王朝早已消失，民族相互融合，但慕容鲜卑遗留的文物，至今仍散发着夺目的光彩，成为今天让我们引以为豪的珍贵文化遗产。

　　为了更好地展示魏晋十六国时期辽宁的地域文化，2021 年 5 月辽宁省博物馆举办了"龙城春秋——三燕文化考古成果展"，这是国内首次举办的以"三燕文化"为主题的展览，展览精选了辽宁地区出土的三燕文化珍贵文物及与慕容鲜卑相关的遗存，力求通过文物及考古研究成果，展示那段精彩的历史。

　　展览的举办得到了南京市博物总馆、青州市博物馆、武威市博物馆、辽宁省文物考古研究院、朝阳博物馆、朝阳市北塔博物馆、朝阳县博物馆、北票市博物馆、喀喇沁左翼蒙古族自治县博物馆等文博单位，及相关领导、专家、学者的帮助和支持，我们在此一并表示感谢！

编者